COMPOSICIÓN EN ESPAÑOL

새로운 스페인어 작문

박 종 탁 저

신아사

머리말

우리말을 외국어로 옮길 때 가장 흔히 나타나는 오류는 무엇일까. 우리말 문장에 외국어를 끼워 맞추려 하는 것이 아닐까. 그러므로 외국어는 우리말과 다르다는 것을 분명히 알고, 우리말에 가장 잘 대응되는 외국어 문장형식을 익히는 것이 필요하다. 가령, “나는 꽃을 좋아한다.”가 영어로는 “I like flowers.”이지만, 스페인어로 “Yo quiero flores.”는 다른 경우에 쓰는 말이다. 주어를 간접목적격으로 바꾸어 “Me gustan las flores.”라고 해야 뜻이 통한다. 또, “나는 배가 고프다.”가 영어로는 “I am hungry.”이지만, 영어 문장처럼 “Yo soy hambriento.”라고 하면 듣는 사람을 놀라게 하며, “Yo estoy hambriento.”라고 해도 편하게 들리진 않는다. “Tengo hambre.”라고 해야 비로소 말이 된다. 이런 예는 부지기수이다. 표현하고자 하는 내용에 따라 그것을 담을 그릇으로서의 스페인어의 문장형식이 우리말이나 영어와 상이할 수 있다는 것이다. 그래서 이 책의 예문과 연습문제들은 거의 문형연습적인 성격을 띠고 있다. 어휘 습득도 중요하지만 알맞은 문장형식을 익힘이 우선이다. 누구나 단문에서 복문에 이르기까지 이 책의 문장들을 섭렵한다면 스페인어를 제대로 한다는 말을 들을 것으로 저자는 확신한다.

이 책은 저자의 『스페인어 작문의 기초』(1995, 부산외대출판부), 『스페인어 작문』(2005, 부산외대출판부)을 계승한다. 뒤의 책은 앞의 책의 골격과 내용을 유지하면서, 그동안 발견된 여러 오류를 바로잡는 외에 어휘와 문장을 적잖이 교체하고, 속담 · 조크 등을 양념으로 넣었다. 그러나 여전히 보완을 해야 할 것이 적지 않았다. 우선 연습문제의 답이 없어서 불편하다는 지적이 끊이지 않았기 때문에 이번 책에서는 권말 부록으로 모범답안을 달아 놓았다. 스페인어 문형 연습자료로 활용할 수도 있을 것이다. 그 다음, 예문과 연습문제를 일부 바꾸거나 확충하면서 어휘의 폭을 넓혔고, 문법 사항과 해설을 보충하였으며, 유사한 표현과 용법을 제시하여 여러 경우에 참고로 삼게 하였다. 그밖에도 권말 부록 1, 2에 간단한 편지 문구와 유용한 어휘 모음집을 실었다. 이렇게 해서 제법 많은 부분이 새로워진데다가 출판사 또한 달라졌기에 이전의 책과 구별하기 위해 『새로운 스페인어 작문』이라 이름을 붙였음을 밝힌다.

이 책의 학습법은 누구나 자유롭게 선택할 수 있으나 저자로서는 다음과 같이 권하고 싶다.

- **먼저 예문 중심으로 스페인어의 문형 전체를 파악한다.**
- **연습문제를 풀되 홀수 번호나 짝수 번호만 풀던가, 아니면 풀어보고 싶은 문제만 골라 푼다.**
- **모범답안을 공부하여 뜻을 익힌 다음에 우리말로 옮겨 본다.**
- **자신이 없거나 취약한 부분들을 골라 집중적으로 연습한다.**

끝으로, 보다 나은 책을 낼 기회를 갖게 해주신 신아사 사장님과 한규갑 상무님에게 감사를 드린다. 아울러, 여러 차례 수정본이 나올 수 있도록 많은 지적과 감수를 해주신 로사 E. 우르따도 교수, 이사벨 리 여사와 김경희 박사, 최홍주 박사에게도 깊이 감사를 드린다.

2011년 1월 10일
저자 박종탁

최근 개정된 스페인어 철자법과 문법에 맞추는 것을 포함하여 내용 일부를 고치고 보충하여 수정증보판을 내다.

2013년 1월 2일
저자 박종탁

목 차

제1편 단문(單文)과 직설법

I. ser 동사

II. estar, haber 동사

III. 숫자와 시간

VIII. 무인칭(3인칭)문

IX. 역구조문

X. 재귀동사

XI. 진행형과 현재분사

XII. 수동태와 과거분사

제2편 복문(複文)과 접속법

제 1 편

단문과 직설법

I. ser 동사

1. Es un libro.

【예문 1】

이것은 무엇입니까? 책입니다.
¿Qué es esto? Es un libro.
그것들은 무엇입니까? 과일들입니다.
¿Qué son esas cosas? Son frutas.

Ejercicios 연습

1. 이것은 무엇입니까? 커피메이커입니다.
2. 그것은 무엇입니까? 휴대전화입니다.
3. 저것은 무엇입니까? 프린터입니다.
4. 이것들은 무엇입니까? 보석들입니다.
5. 그것들은 무엇입니까? 가전제품들입니다.
6. 저것들은 무엇입니까? 올리브 열매들입니다.

참조 어휘

1. la cafetera	2. el (teléfono) celular 혹은 móvil
3. la impresora	4. piedras preciosas
5. electrodomésticos	6. aceitunas

** 주의! **

1. **일반적으로** ser **동사의 보어가 단수일 때 부정관사를 붙이고, 복수일 때는 아무 것도 붙이지 않는다.**
2. **예외적으로 두 쪽이 있어야 하나가 되는 바지, 신발, 헤드폰, 가위 등은 복수형 부정관사를 붙여 말한다**: Son unos pantalones [zapatos, audífonos] ; Son unas tijeras.

☑ 지시대명사/지시형용사

- **지시대명사**

이것 este(m.), esta(f.), esto(n.)　이것들 estos(m.), estas(f.)
그것 ese, esa, eso　그것들 esos, esas
저것 aquel, aquella, aquello　저것들 aquellos, aquellas

- **지시형용사**

이 este, esta / estos, estas
그 ese, esa / esos, esas
저 aquel, aquella / aquellos, aquellas

** 주의! **

1. 범스페인어권 왕립스페인어학회(RAE)의 권고(2010.11월)에 따라 지시대명사의 악센트 부호를 뺌.
2. 중성(n.)대명사 복수형은 없다. 단수로 묻거나 위의 예처럼 다른 말로 대신한다.

【예문 2】

코끼리는 무엇입니까? 동물입니다.
¿Qué es el elefante? Es un animal.
쥐와 두더지도 역시 동물입니다.
La rata y el topo son también animales.

Ejercicios 연습

1. 빠에야는 무엇입니까? 스페인 음식입니다.
   보까디요와 가스빠초도 역시 스페인 음식입니다.
2. 아카풀코는 무엇입니까? 멕시코의 도시입니다.
   칸쿤과 베라크루스도 역시 멕시코의 도시입니다.
3. 파파야는 무엇입니까? 열대 과일입니다.
   바나나와 파인애플도 역시 열대 과일입니다.
4. 만돌린이란 무엇입니까? 현악기입니다.
   기타와 바이올린도 현악기입니다.

참조 어휘

1. la paella, plato español, platillo español(Mex.), bocadillo, gazpacho
2. Acapulco, Cancún, Veracruz
3. la papaya, fruta tropical, el plátano, la piña
4. la mandolina, instrumento de cuerda, la guitarra, el violín

속담

El tiempo es oro. 시간은 금이다.
Saber es poder. 아는 것이 힘이다.
A falta de pan, buenas son tortas. 빵이 없으면 빈대떡도 맛있다. 꿩 대신 닭.

2. ¿Eres alumno? *직업과 국적을 말할 때는 부정관사를 붙이지 않는다.

【예문 3】

너는 (남)학생이니? 응, 학생이야 / 아니, 나는 학생이 아니야.

¿Eres alumno? Sí, soy alumno / No, no soy alumno.

Ejercicios 연습

1. 너는 (여)학생이니? 응, 나는 (여)학생이야 / 아니, 나는 (여)학생이 아니야.
2. 당신은 요리사입니까? 네, 그렇습니다 / 아니요, 요리사가 아닙니다.
3. 라우라는 변호사입니까? 네, 그렇습니다 / 아니요, 변호사가 아닙니다.
4. 멘도사 씨는 정비사입니까? 네, 정비사입니다.
5. 당신들은 경찰입니까? 네, 그렇습니다.

참조 어휘

1. alumna
2. cocinero/ cocinera
3. Laura, abogada
4. el señor Mendoza, mecánico
5. policías

** 참고 **

위와 같이 물을 때, "Sí, lo soy." **혹은** "No, no lo soy."**라고 답할 수도 있다.**

☑ 직업 물어보기

직업을 물을 때는, "¿A qué se dedica usted?", "¿Cuál es su profesión?", "¿En qué trabaja?", "¿Qué trabajo tiene?"라고 하며, 격식을 차리지 않을 때 "¿Qué eres tú?"라고 묻기도 한다.

【예문 4】

너는 학생이니? 아니, 학생이 아니라 일하는 사람이야.

¿Eres alumno? No, soy trabajador.

No, no soy alumno sino trabajador.

Ejercicios 연습

1. 당신은 (여)교수입니까? 아니요, (여)사무원(조교)입니다.
2. 당신은 (여)의사입니까? 아니요, 의사가 아니라 간호사입니다.
3. 당신은 변호사입니까? 아니요, 변호사가 아니라 판사입니다.
4. 저 사람은 기업가입니까? 아니요, 기업가가 아니라 직원입니다.
5. 너희들은 가톨릭 신자들인가?
   아니, 우리는 가톨릭 신자들이 아니라 개신교 신자들이야.

참조 어휘

1. profesora, secretaria
2. médica, enfermera
3. abogado, juez
4. empresario, empleado
5. católicos, evangélicos

** 주의! **

유일한 사람이거나 어떤 자격을 말할 때는 관사가 필요하다.

예: 당신이 이 가게주인입니까? 아니요, 손님입니다.

¿Es Ud. el tendero? No, soy un cliente.

☑ **상품, 업종, 종사자**

el pan	빵	la panadería	el panadero/ la panadera
la carne	고기	la carnicería	el carnicero
el pescado	생선	la pescadería	el pescadero *el pescador 어부
la fruta	과일	la frutería	el frutero
el jamón	햄	la jamonería	el jamonero
el zapato	구두	la zapatería	el zapatero
la ropa	옷	la ropería	el ropero
el juguete	장난감	la juguetería	el juguetero
el libro	책	la librería	el librero
el papel	종이	la papelería	el papelero
el pelo	머리카락	la peluquería	el peluquero
la joya	보석	la joyería	el joyero
el reloj	시계	la relojería	el relojero
la flor	꽃	la floristería(Sp.) la florería(Am.)	el florista(Sp.) el florero(Am.)
el lavado	세탁	la lavandería	el lavandero
la pizza	피자	la pizzería	el pizzero
la gasolina	가솔린		la gasolinera 주유소

- **불규칙형**

el mueble 가구	la mueblería	el mueblista
los funerales 장례식	la funeraria	el funerario
las medicinas 약	la farmacia	el farmacéutico
el traje 양복	la sastrería	el sastre
la lotería 복권	la lotería	el lotero
el toro 투우	la plaza de toros 투우장	el torero 투우사
la mercancía 상품	la tienda 가게	el tendero 가게주인
el enfermo 환자	el hospital/la clínica 병원/의원	
	el médico/la enfermera 의사/간호사	
la correspondencia 편지 (conjunto de cartas)	el correo 우체국	el cartero 우체부
el jardín 정원		el jardinero 정원사

- **형태는 같지만 다른 의미의 것**

la mochila 배낭 - - el mochilero 배낭족
el mosquito 모기 - - el mosquitero 모기장

속담

El sastre hace al hombre. 옷이 날개다.

3. ¿Quién es?

【예문 5】

누구십니까? 나야, 네 친구 빠블로.
¿Quién es? Soy yo, tu amigo Pablo.

Ejercicios 연습

1. 마리오가 누구니? 내 친구야.
2. 그 사람은 누구입니까? 저의 스페인어 선생님입니다.
3. 누가 태권도 유단자입니까? 까를로스입니다.
4. 저 분들은 누구십니까? 저의 부모님이십니다.

참조 어휘

1. Mario, mi amigo
2. él, profesor de español
3. cinturón negro de Taekwondo
4. aquellos señores, mis padres

4. ¿Cuál es?, ¿Cuáles son?

【예문 6】

(이 중에) 누가 후안입니까? 저 사람입니다.
¿Cuál es Juan? Aquel es él.
어떤 것들이 당신의 그림들입니까? 이것들입니다.
¿Cuáles son los cuadros de Ud.? Son estos.
베네수엘라의 수도는 어디입니까? 카라카스입니다.
¿Cuál es la capital de Venezuela? Es Caracas.

Ejercicios 연습

1. 누가 네 친구이니? 아나 마리아에요.
2. 누가 아나 마리아니? 이 아이에요.
3. 어떤 것이 너의 노트북 (컴퓨터)이니? 그것이야.
4. 어떤 것들이 내 연필들이지? 저것들이야.
5. 칠레의 수도는 어디입니까? 산티아고입니다.

참조 어휘

1. Ana María
2. esta
3. ordenador portátil(Sp)/ computadora portátil
4. mis lápices
5. Santiago

☑ ¿Cuál?

이밖에도 다음과 같은 경우에 cuál을 쓴다.

¿Cuál es el título de ese libro? 그 책의 제목은 무엇입니까?

¿Cuál es el programa de esta noche? 오늘밤 프로그램은 무엇이니?

¿Cuál es el nombre de su abuelo? 조부님의 존함은 어떻게 됩니까?
¿Cuál es el problema? 무엇이 문제입니까/무슨 문제입니까?
¿Cuál es la diferencia? 차이점은 무엇입니까/어떤 차이가 있습니까?
¿Cuál es la razón? 이유가 무엇입니까/무슨 이유입니까?
¿Cuál es el motivo? 동기가 무엇입니까/무슨 동기인지요?
¿Cuál es tu opinión? 네 의견은 어떠니/무엇이니?
¿Cuál es su plan? 어떤 계획을 갖고 있습니까?
¿Cuál es tu horario de trabajo? 자네 근무 시간은 어떻게 되나?
¿Cuál es el centro de Madrid? 마드리드의 중심은 어디입니까?
¿Cuál es la nota para ser aprobado? 합격점은 몇 점입니까?
¿Cuál es la lección de hoy? 오늘은 몇 과입니까?
¿Cuál es la fecha de hoy? 오늘 며칠이지? *-El 19 de marzo.
¿Cuál es el día del examen? 시험은 무슨 요일이니?

5. ¿Cómo es?

[예문 7]

후아나는 나쁩니까? 아니요, 좋은 사람입니다.
¿Es mala Juana? No, es buena.

Ejercicios 연습

1. 그 다리는 깁니까? 아니요, 짧습니다.
2. 길은 좁습니까? 아니요, 넓습니다.
3. 이 넥타이는 비쌉니까? 아니요, 쌉니다.
4. 마리아는 뚱뚱합니까? 아니요, 홀쭉합니다.
5. 그는 호감이 가는 사람입니까? 아니요, 불쾌한 사람입니다.
6. 당신은 부자입니까? 아니요, 가난합니다.
7. 이 차는 새것입니까? 아니요, 중고입니다.
8. 지구는 평평합니까? 아니요, 둥급니다.
9. 당신은 결혼했습니까? 아니요, 미혼입니다.

참조 어휘

1. el puente/ largo, corto
2. la calle/ ancha, estrecha
3. la corbata/ cara, barata
4. gorda, delgada
5. simpático, antipático
6. rico, pobre
7. el coche/ nuevo, viejo de segunda mano
8. la Tierra/ redonda, plana
9. casado, soltero

【예문 8】

당신은 (특징이) 어떻습니까? 저는 키가 크고 말랐습니다.

¿Cómo es usted? Soy alto y delgado.

Ejercicios 연습

1. 호세는 어떻습니까? 그는 작고 뚱뚱합니다.
2. 네 누이는 어떠니? 내 누이는 약간 뚱뚱하고 아주 명랑해.
3. 한국은 어떻습니까? 한국은 작고 아름답습니다.
4. 그 호텔은 어떠니? 작지만 최신식이야.
5. 학생들은 어떻습니까? 부지런합니다 / 게으릅니다.
6. 그 책들은 어때요? 두꺼워요 / 비싸요.

참조 어휘

1. José, bajo
2. un poco, muy alegre
3. pequeña, hermosa
4. muy moderno
5. diligente, flojo
6. grueso

속담

El arte es duradero, la vida es corta.

예술은 길고 인생은 짧다.

【예문 9】

암은 무서운 병입니다.

El cáncer es una enfermedad terrible.

Ejercicios 연습

1. 공해는 심각한 문제이다.
2. 인터넷은 경이로운 발명이다.
3. 철학은 꼭 필요한 학문이다.
4. 음악은 신의 선물이다.
5. 아르헨티나는 부유한 나라이다.
6. 한국의 수도는 거대한 도시이다.
7. 콜라는 해로운 음료이다.
8. 김소월은 뛰어난 시인이다.
9. 정 여사는 교양 있는 여성이다.

참조 어휘

1. la contaminación ambiental, problema grave
2. el internet, invención prodigiosa
3. la filosofía, ciencia indispensable
4. la música, regalo de Dios
5. país rico
6. ciudad enorme
7. la cola, bebida nociva
8. Kim Sowol, poeta excelente
9. la señora Chung, mujer culta

* **보충연습 : 위의 문장들의 술부에서 부정관사와 명사를 빼어 보시오.**

ej.) La cola es una bebida nociva.

명언

El hombre es una caña pensante.

인간은 생각하는 갈대이다. (파스칼)

6. ¿De dónde eres?

[예문 10]

어디서 왔니 / 어느 나라 사람이니 / 멕시코 사람이니?

¿De dónde eres? ¿De qué país eres? ¿Eres mexicano?

Ejercicios 연습

1. 너는 어디서 왔니? 한국에서 왔어.
2. 당신은 어느 나라 사람입니까? 저는 콜롬비아 인입니다.
3. 저 여자들은 어느 나라 사람들입니까? 그녀들은 칠레 사람들입니다.
4. 그 시계는 어디 제입니까? 그것은 스위스제입니다.
5. 당신은 페루 인입니까? 아니요, 볼리비아 인입니다.
6. 당신 부인은 스페인 분인가요? 아니요, 그녀는 온두라스 사람입니다.

** 참고 **

출신 국가나 지명은 보통 형용사형으로 나타내되, 상대방이 못 알아듣거나 잘 알려지지 않은 국명·지명은 명사형으로 표현한다.

예: Soy salvadoreño; Soy de El Salvador.

☑ 어미 별로 본 국가의 형용사형

1) coreano / boliviano, colombiano, cubano, dominicano, ecuatoriano, mexicano, peruano, venezolano / italiano, rumano
2) salvadoreño, hondureño, costarriqueño, puertorriqueño, panameño / brasileño
3) paraguayo, uruguayo / malayo
4) argentino, chileno / chino
5) guatemalteco / sueco (de Suecia) cf. suizo (de Suiza)
6) español / alemán / búlgaro
7) japonés, inglés, francés, portugués, holandés, dinamarqués
8) nicaragüense / estadounidense (de Estados Unidos), canadiense
9) árabe / turco / noruego, griego / ruso / polaco, austriaco / belga / israelita
10) 대륙 : asiático, europeo, americano, africano, australiano
11) 도시 : capital - capitalino, Londres - londinense, Seúl - seulense, Tokio - tokiota, Nueva York - neoyorkino, Moscú - moscovita, París - parisiense, Madrid - madrileño, D.F.de México - defeño, Caracas - caraqueño, Lima -limeño, La Habana - habanero, Bogotá - bogotano, Berlín - berlinés, Pequín - pequinés, Lisboa - lisbonés

7. ¿De qué es?

【예문 11】

그 집은 무엇으로 만든 건가요? 석조입니다.

¿De qué es la casa? Es de piedra.

Ejercicios 연습

1. 이 집은 무엇으로 만든 건가요? 목조입니다.
2. 이 볼펜은 무엇으로 만드나요? 플라스틱입니다.
3. 그 핸드백은 무엇으로 만든 건가요? 가죽입니다.
4. 그 외투는 무엇으로 만든 건가요? 모직입니다.
5. 그 인형들은 무엇으로 만든 건가요? 진흙으로 만든 것입니다.
6. 그 양말은 무엇으로 만든 건가요? 면으로 짠 것입니다.

참조 어휘

1. madera
2. el bolígrafo, plástico
3. el bolso (de mano) (Sp.) / la bolsa (Mex.), piel
4. el abrigo, lana
5. el muñeco, barro
6. los calcetines, algodón

** **참고** **

Ser de **대신에** Estar hecho de**를 쓸 수 있다**.

예: La jarra está hecha de barro. 그 항아리는 진흙으로 만든 것이다.

【예문 12】

이 건물은 석조입니까?

¿Es de piedra este edificio?

Ejercicios 연습

1. 이 넥타이는 실크입니까? 네, 그렇습니다. 폴리에스텔이 아닙니다.
2. 이 반지는 금입니까? 네, 18금으로 만든 겁니다.
3. 이 가방은 진짜 가죽으로 만든 것입니까? 아니요, 합성피혁입니다.
4. 저 배는 쇠로 만든 것이지요? 네, 그렇습니다.
5. 표지는 종이로 된 것이지요? 아니요, 천으로 된 것입니다.

참조 어휘

1. la corbata, seda, poliéster
2. el anillo, oro de 18 quilates
3. la bolsa, piel auténtica, piel sintética
4. el barco, hierro, acero (**강철**)
5. la cubierta, papel, tela

속담

La vida no es senda de rosas.

인생은 장미꽃 길이 아니다.

8. ¿De quién es?

[예문 13]

이 사전은 누구의 것이지? ¿De quién es este diccionario?

내 것이야. Es (el) mío. / Es mi diccionario.

Ejercicios 연습

1. 이 치마는 누구의 것입니까? 제 것입니다.
2. 그 셔츠는 누구의 것이니? 너의 것이야.
3. 저 지팡이는 누구의 것입니까? 할아버지의 것입니다.
4. 이 CD들은 누구의 것이니? 그의 것이야.
5. 그 열쇠들은 누구의 것입니까? 제 것입니다.
6. 저 배낭들은 누구의 것이니? 우리 것이야.

참조 어휘

1. la falda, (la) mía
2. la camisa, (la) tuya
3. el bastón, de mi abuelo
4. el disco compacto, suyos
5. la llave, (las) mías
6. la mochila, (las) nuestras

☑ 소유형용사 / 소유대명사

- **전치형 소유형용사**

단수형: mi, tu, su, nuestro / nuestra, vuestro / vuestra, su

복수형: mis, tus, sus, nuestros / nuestras, vuestros / vuestras, sus

- **후치형 소유형용사 및 소유대명사**

단수형 : mío / mía, tuyo / tuya, suyo / suya, nuestro / nuestra, vuestro / vuestra, suyo / suya

복수형 : míos / mías, tuyos / tuyas, suyos / suyas, nuestros / nuestras,
vuestros / vuestras, suyos / suyas

** 참고 **
3인칭의 경우에는 소유자를 분명하게 하기 위해 'de + 소유자'의 형태를 많이 쓴다.
예 : de él, de ella, de Ud., de María y Elena, de ellos

[예문 14]

저 책들도 네 것이니?
¿También son tuyos aquellos libros?
아니, 저것들은 끄리스띠나의 것이야.
No, son de Cristina.

Ejercicios 연습

1. 이 사전은 누구의 것이야? 네 것이잖아.
   저 연필들도 내 것인가? 아니, 내 것이야.
2. 이 기타는 누구의 것이지? 아멜리아의 것이야.
   저 하모니카도 그녀의 것인가? 아니, 그건 뻬뻬노의 것이다.
3. 이 자동차는 누구의 것이지? 우리 아빠 차야.
   저 차도 네 아빠 것이니? 아니, 그건 이웃 사람 거야.
4. 이 지갑은 누구의 것입니까? 제 것입니다.
   이 여권도 당신 것입니까? 아니요, 아내의 것입니다.
5. 이 여행가방들은 누구네 것입니까? 우리 가방들입니다.
   저 가방들도 당신들의 것입니까? 아니요, 다른 사람들의 것입니다.

참조 어휘

1. el diccionario, el lápiz
2. la guitarra, la armónica
3. el coche, de mi padre / papá, suyo, del vecino
4. la cartera, el pasaporte
5. maletas, de otras personas

속담

El pasto del vecino siempre es más verde.
이웃 목장이 항상 더 푸르다. 남의 떡이 더 커 보인다.

9. ¿De qué color es?

【예문 15】

네 구두는 무슨 색이니? 밤색이야.
¿De qué color son tus zapatos?
Son marrones. (=Son de color marrón.)

Ejercicios 연습

1. 네 스타킹은 무슨 색이니? 검정이야.
2. 안드레스의 셔츠는 무슨 색이지? 흰색이야.
3. 마르따의 블라우스는 무슨 색이지? 핑크색이야.
4. 뻬드로의 새 양복은 무슨 색이지? 회색이야.
5. 바르바라의 치마는 무슨 색이지? 빨간색이야.
6. 당신의 바지는 무슨 색입니까? 감색(곤색)입니다.
7. 그 여자의 눈은 무슨 색입니까? 파란색입니다.
8. 떼레사의 머리는 무슨 색입니까? 금발입니다.

참조 어휘

1. medias, negras
2. Andrés, la camisa, blanca
3. la blusa, de color de rosa,[rosada]
4. el traje nuevo, gris
5. la falda, roja
6. los pantalones, de color azul marino
7. los ojos, azules
8. el cabello, rubia

☑ 여러 가지 <색>

1. **7가지 색**: 빨강 rojo, 주황 naranja, 노랑 amarillo, 초록 verde,
파랑 azul, 남색 añil o índigo, 보라 violeta

2. **기타 색**: 흰 blanco, 검은 negro, 회색 gris, 금색 dorado, 은색 plateado,
분홍(핑크색) rosado, 주홍 bermejo, 심홍 carmesí, 진홍 escarlata,
밤색 marrón o pardo, 베이지 beige (발음은 [béis])

3. **밝은(옅은) 색**/ 어두운(짙은) 색 : claro / oscuro
예: 하늘색 : azul claro, 짙은 바다색 : azul oscuro

4. **유사 색**: 불그스름한 rojizo, 누르스름한 amarillento, 푸르스름한 verdoso, 파르스름한 azulado, 검붉은 moracho, 희끄무레한 blanquecino, 거무죽죽한 negruzco, 잿빛의 grisáceo

10. ¿Cuál es más grande?

【예문 16】 {우등 비교급}

호세와 미겔 중 누가 더 키가 크니?

¿Cuál es más alto, José o Miguel?

미겔이 호세보다 키가 커.

Miguel es más alto que José.

Ejercicios 연습

1. 마리솔과 엘비라 중에 누가 더 키가 크니?
   마리솔이 엘비라보다 키가 커.
2. 개와 고양이 중에 어느 것이 더 커요?
   보통은 개가 고양이보다 크지.
3. 페루하고 칠레 중에 어느 쪽이 더 큽니까? 페루가 더 큽니다.
4. 이 두 의자 중에서 어떤 게 더 편합니까?
5. 바다하고 호수 둘 중에 어떤 게 더 깊어요? 바다가 더 깊어.

참조 어휘

1. Marisol, Elvira
2. un perro, un gato, en general
3. Perú, Chile
4. de las dos sillas, cómoda
5. de los dos, un océano, un lago, hondo

【예문 17】 {우등 최상급}

이 장미는 정원에서 가장 아름답다.
Esta rosa es la más hermosa del jardín.
(=Esta es la rosa más hermosa del jardín.)

Ejercicios 연습

1. 나는 우리 가족 중에서 가장 키가 크다.
2. 이 피카소의 그림이 세계에서 가장 비싼 것이다.
3. 이 대성당은 유럽에서 가장 큰 것이다.
4. 남미에서 가장 작은 공화국은 어디입니까?

참조 어휘

1. de mi familia
2. el cuadro, del mundo
3. la catedral, Europa
4. la república, de la América del Sur

【예문 18】 {우등 비교급/열등 비교급/동등 비교급}

달은 지구보다 작다.
La luna es más pequeña que la Tierra.
달은 지구보다 덜 크다.
La luna es menos grande que la Tierra.
달은 지구만큼 크지 않다.
La luna no es tan grande como la Tierra.

Ejercicios 연습

1. 이 고양이는 네 개보다 더 크다. 네 개는 이 고양이보다 더 작다. 네 개는 이 고양이만큼 크지 않다.
2. 전화는 우편보다 비싸다. 우편은 전화보다 싸게 친다. 우편은 전화만큼 비싸지 않다.
3. 전자메일은 우편제도보다 실용적이다. 우편제도는 전자메일보다 비실용적이다. 우편제도는 전자메일만큼 실용적이지 않다.

4. 자동차로 가는 것이 자전거로 가는 것보다 빠르다.
   그러나 자동차로 가는 것이 덜 친환경적이다.
   걸어가는 것은 자전거로 가는 것만큼 친환경적이다.
5. 호세는 뻬드로보다 덜 인색하지 않다. 호세는 뻬드로만큼 인색하다.
   그 둘은 그 점에 있어서 똑같다.

참조 어휘

1. el perro, el gato
2. el teléfono, el correo
3. el correo electrónico, el servicio postal, práctico
4. ir en coche, ir en bicicleta, ir a pie, ecológico
5. mezquino, igual, en ese aspecto

☑ 같다, 반대이다, 비슷하다

'Linda' es igual que 'bella' o 'guapa'. '린다'는 '예쁘다'나 '아름답다'와 같은 말이다.
(='Linda' es lo mismo que 'bella' o 'guapa'.)
'Claro' es lo contrario de 'oscuro'. '밝다'는 '어둡다'의 반대말이다.

Es semejante [similar, parecido] a ti en el carácter.
그는 성격 면에서 너랑 비슷하다.

속담

Más vale tarde que nunca.
하지 않는 것보다 늦게라도 하는 게 낫다. 늦었다고 생각한 때가 가장 빠른 때다.

【예문 19】

로시따는 반에서 가장 예쁜 여자 중의 하나이다.
Rosita es una de las más guapas de la clase.

Ejercicios 연습

1. 알레한드로는 반에서 가장 똑똑한 학생 중의 하나이다.
2. 빠블로 네루다는 중남미에서 가장 유명한 시인 중의 하나이다.

3. 이 절은 한국에서 가장 오래된 것 중의 하나이다.
4. 엘레나는 나의 가장 좋은 여자 친구 중의 하나이다.

참조 어휘

1. inteligente
2. el poeta, de Hispanoamérica
3. el templo budista, antiguo
4. de mis mejores amigas

【예문 20】 { 불규칙적인 비교급 및 최상급 }

네 컴퓨터는 내 것보다 낫다.
Tu computadora es mejor que la mía.
이 텔레비전이 세계에서 가장 좋은 것입니다.
Este televisor es el mejor del mundo.
* [mejor, peor / el mejor, el peor, la mejor, la peor]

Ejercicios 연습

1. 이 면도기가 그것보다 더 좋은 것입니다.
2. 그 담배가 이것보다 더 나쁜 것입니다.
3. 이 옷감이 저것보다 조금 더 비싸지만 더 낫습니다.
4. 그는 지능 면에서 형보다 낫다.
5. 저 아이들이 얘네들보다 더 나쁘다.
6. 이것이 가장 좋은 해결책입니다.
7. 그 호텔이 시에서 가장 나쁜 것입니다.

참조 어휘

1. la afeitadora
2. el cigarrillo
3. la tela
4. en inteligencia
5. chicos
6. la solución
7. el hotel

【예문 21】

나는 롤라보다 나이가 많다. 그녀는 나의 동생이다.
Soy mayor que Lola. Ella es mi hermana menor.

Ejercicios 연습

1. 너는 시몬보다 나이가 적다.
2. 그는 너보다 나이가 많다. 그는 네 오빠 [형]이다.
3. 호아낀이 세 아이 중에서 가장 맏이이다.
4. 내 시어머니는 친정어머니보다 연세가 많으시다.

참조 어휘

1. Simón 2. Joaquín 3. la suegra

• **나이가 어리다 / 연세가 많으시다**

젊은 사람, 특히 아이들의 나이를 비교할 때 mayor, menor를 쓰며, 나이가 지긋한 사람에게는 'tiene más años', 혹은 'es más viejo'라고 한다.

[예문 22] { 절대 최상급 }

이 여행은 굉장히 싸다. 무지무지하게 싸다.
Este viaje es muy barato. Es baratísimo.

Ejercicios 연습

1. 린다는 몹시 예쁘다. 예쁘디예쁘다.
2. 여기 공기는 아주 맑다. 맑디맑다.
3. 이 후식은 상당히 달다. 무지무지하게 달다.
4. 비행기는 굉장히 빠르다. 아주 아주 빠르다.
5. 이 식당은 아주 비싸다. 무지무지하게 비싸다.
6. 이 문제는 너무나 쉽다. 아주 아주 쉽다.
7. 아주 재미있는 재담이다.

참조 어휘

1. Linda, guapa 2. el aire, puro 3. el postre, dulce 4. el avión, rápido
5. el restaurante, caro 6. la cuestión, fácil 7. chiste, bueno

☑ <절대최상급> 만들기

1. 자음으로 끝난 말은 ísimo를 붙인다. 단, z로 끝나면 c로 바꾼 다음 ísimo를 붙인다 : 숙련된 hábil → habilísimo, 행복한 feliz → felicísimo

2. 모음이나 이중모음으로 끝난 말은 그 모음이나 이중모음을 버리고 ísimo를 붙인다:
   단, 어미가 2개의 강모음인 말은 끝모음만 뗀다:
   중요한 importante → importantísimo, 깨끗한 limpio → limpísimo,
   추한 feo → feísimo
3. 어미가 co일 때는 qu, 어미가 go일 때는 gu로 바꾼 다음 ísimo를 붙인다:
   부유한 rico → riquísimo, 흰 blanco → blanquísimo, 긴 largo → larguísimo
4. 이중모음 ie나 ue는 때때로 e나 o로 바꾼 다음 ísimo를 붙인다:
   새로운 nuevo → novísimo, 힘센 fuerte → fortísimo
5. 어미가 ble로 끝난 말은 bil로 바꾼 다음 ísimo를 붙인다:
   친절한 amable → amabilísimo
6. 라틴어의 원형으로 변하는 말도 있다:
   가난한 pobre → paupérrimo, 충실한 fiel → fidelísimo

☑ <비교급> 보충

1. 수치 비교

Es cinco centímetros más alto que yo. 그는 나보다 5센치가 크다.
Es el doble de Corea. (=Es doble de área que Corea.)
그 나라는 한국의 두 배이다.
Es cinco veces más grande que Corea. 그 나라는 한국보다 5배 크다.
Es tres años mayor que su hermano. 그는 동생보다 세 살 많다.

2. 특징화

Es más habladora que su madre. 자기 어머니보다 더 수다쟁이다.
Es más comediante que político. 정치가라기보다는 코미디언이다.
(= Es más bien comediante que político.)
Es más bien rico que pobre. 가난하다기보다는 오히려 부자이다.
El perro es más fiel que inteligente. 개는 영리하다기보다는 충직하다.

속담

Mejor que decir es hacer.
말보다는 실천이 낫다.
Más vale ser cabeza de ratón, que cola de león.
사자의 꼬리보다 쥐의 머리가 되는 것이 낫다. 용의 꼬리보다 뱀의 머리.

II. estar, haber 동사

1. ¿Cómo estás?

【예문 23】

안녕하십니까? 네, 잘 있습니다.
¿Cómo está Ud.? Estoy bien [bueno, -a].

Ejercicios 연습

1. 에스뜨레야는 몸이 안 좋다.
2. 유리창이 뿌옇구나.
3. 엄마가 피곤하시다.
4. 이 책은 참 재미있다.
5. 이 커피는 설탕을 많이 넣어서 달구나.
6. 빠블로는 이번에 상당히 신중하다.
7. 앙헬라는 언제나 주의 깊다.
8. 그들은 언제나 달아날 준비가 되어 있다.
9. 배추가 풍작이라 몹시 싸구나.
10. 이 빠에야는 정말 맛있습니다.

참조 어휘

1. Estrella
2. el cristal, turbio
3. mamá, cansada
4. interesante
5. el café, dulce, con mucho azúcar
6. Pablo, prudente, esta vez
7. atenta, siempre
8. listos, para huir
9. el repollo, barato, con buena cosecha
10. riquísima

☑ Ser / Estar

1. ser동사는 본질적 속성, estar는 상태를 가리킨다:

El hielo es frío. 얼음은 차갑다.
La leche está fría. 이 우유는 차갑다.
Francisco es bueno. 프란시스코는 착하다.

Él está bueno. 그는 건강하다.
Esther es muy joven. 에스떼르는 매우 젊다.
Hoy estás muy joven. 오늘 너 매우 젊어 보인다.
Estas manzanas son ácidas. 이 사과들은 맛이 시다(종류).
Esta manzana está agria. 이 사과는 맛이 시다(덜 익어서).

2. ser / estar에 따라 뜻이 변하는 형용사들이 있다:

Fernando es muy atento con los mayores.
페르난도는 연장자들에게 예절이 바르다.
Estamos atentos a los cambios tecnológicos.
우리는 기술 변화에 주의를 기울이고 있습니다.
Miguel es listo. 미겔은 영리하다.
¿Estás listo ya? 너 준비 다 됐니?
Es cierto. 사실이다.
Está cierto. 확실하다.
La muchacha es muy fresca. 그 소녀는 매우 뻔뻔하다.
El pescado está fresco. 생선이 싱싱하다.

3. 지속성이 있는 상태의 경우 ser를 쓸 수 있는데 그 기준은 주관적일 수 있다:

Los huevos son frescos. 이 계란들은 싱싱하다.

【예문 24】

테이블이 깨끗하다.
La mesa está limpia.

Ejercicios 연습

1. 테이블이 지저분하다.
2. 국이 너무 뜨겁다.
3. 나는 배가 부르다.
4. 아빠는 지금 기분이 좋으시다.
5. 방에 불이 켜져 있다.
6. 문이 닫혀 있다.
7. 언니는 임신 중입니다.

8. 너, 만족하니?
9. 나는 무척 바쁘다.
10. 전화가 통화 중이다.
11. 지금 온도는 영하 1도이다.
12. 네 숙모는 우리한테 화가 나 있다.
13. 아이들이 모두 발가벗고 있다.
14. 술집이 (손님들로) 꽉 찼다.
15. 나는 네가 자랑스럽다.
16. 나는 네 의견에 동감이다.
17. 이런 모자가 유행입니다.
18. 지구는 약 3 / 4이 물로 덮여 있다.
19. 나는 여기 있는 게 편하다.
20. 신호등이 빨간불이다.
21. 너는 마리아와 결혼해서 살고 있지?

참조 어휘

1. sucia
2. el caldo, caliente
3. harto / harta
4. de buen humor
5. la luz, encendida
6. la puerta, cerrada
7. embarazada
8. contento
9. ocupado
10. el teléfono, ocupado
11. la temperatura, a un grado, bajo cero
12. enfadada con
13. desnudos
14. el bar, enteramente, lleno
15. orgulloso / -a de ti
16. de acuerdo contigo
17. de moda
18. como tres cuartas partes de la tierra, cubierta de agua
19. muy a gusto aquí
20. el semáforo, en rojo
21. casado con

【예문 25】 { 비교 }

그는 어제보다 좋아졌습니다. Está mejor que ayer.
그는 나보다 더 지쳐 있다. Está más cansado que yo.

Ejercicios 연습

1. 나는 어제보다 나빠졌습니다.
2. 오늘은 물이 어제보다 덜 차다.
3. 여비서는 전에 없이 침울하다.
4. 이 청량음료가 저 맥주보다 더 차갑다.

5. 내 구두가 네 것보다 더 지저분하다.
6. 요즘에는 강들이 땅만큼 오염되어 있다.
7. 내 구두가 당신 것만큼이나 더럽군요.

참조 어휘

1. peor
2. el agua
3. la secretaria, triste, más, que nunca
4. el refresco, la cerveza
6. el río, la tierra, tan contaminado como, hoy (en) día
7. los zapatos

속담

Todo está bien cuando termina bien.
끝이 좋으면 다 좋다. 유종의 미.

2. ¿Dónde hay? / ¿Dónde está?

【예문 26】 { 존재 }

뭐 새로운 거 있나? 별 일 없어. (인사말)
¿Qué hay de nuevo? No hay nada de particular.

Ejercicios 연습

1. 냉장고 안에 무엇이 있나?
   음료수, 고기, 치즈 그리고 버터가 있어.
2. 테이블 위에는 무엇이 있지?
   재떨이가 있다.
3. 이 소포 속에는 무엇이 들어 있습니까?
   책이 몇 권 들어 있습니다.
4. 이 근처에 은행이 있습니까?
   모퉁이에 하나 있습니다.
5. 극장에 사람이 많습니까?
   열 명뿐이 없습니다.
6. 질문 있습니까?

7. 너 같은 사람은 없다.
8. 어금니를 뽑는 것 말고는 다른 방법이 없습니다.

참조 어휘

1. el refrigerador, refrescos, carne, queso, mantequilla
2. sobre, el cenicero
3. el paquete, unos libros
4. el banco, cerca de aquí, en la esquina
5. el cine, no hay más que
6. preguntas
7. nadie [otro / otra] como tú
8. otro remedio que extraer la muela

【예문 27】 { 위치 }

너 어디에 있니?

¿Dónde estás tú?

Ejercicios 연습

1. 스페인은 어디에 있습니까? 유럽에 있습니다.
2. 엄마, 내 손수건 어디 있어요? 탁자 위에 있다.
3. 남대문시장은 어디에 있습니까? 여기서 한 블럭 건너 있습니다.
4. 해운대는 가깝습니까? 여기서 십 킬로미터 떨어진 곳에 있습니다.
5. 스톡홀름은 어느 나라에 있습니까? 스웨덴에 있습니다.
6. 화분들은 어디에 있소? 발코니에 있어요.

참조 어휘

1. España, Europa
2. el pañuelo, la mesa
3. el mercado Namdemun, a una cuadra de aquí
4. a diez kilómetros de aquí
5. Estocolmo, Suecia
6. las macetas, el balcón

[예문 28] { 존재 / 위치 }

교실에는 칠판이 하나 있다.
Hay una pizarra en la clase.
그 칠판은 앞쪽 벽에 있다.
La pizarra está en la pared de enfrente.

Ejercicios 연습

1. 약국이 어디 있습니까?
   제일 약국이 어디 있습니까?
2. 너희 집에 전화 있지?
   응, 한 대 있어. 거실에 있어.
3. 그 집에는 여자만 넷이 있다.
   그 여자들은 지금 집에 있다.
4. 강연회에는 사람들이 별로 없다. 그 적은 사람들은 앞쪽 줄에 있다.
5. 실례지만, 근처에 지하철역이 있는지 아세요?
   가까이는 없고, 약간 멀긴 한데 여기서 한 십 분 떨어진 곳에 있어요.

참조 어휘

1. una farmacia, la farmacia Che-il
2. en la sala
3. solamente
4. en la conferencia, pocas personas, en las primeras filas
5. Disculpe / Disculpa, estación de metro, cerca, un poco lejos, a unos diez minutos

☑ Hay / Estar

1. Hay는 haber의 현재형으로서 주어가 없는 무인칭 문장을 만드는 데 쓰이고, hay 다음에는 관사가 없거나 부정관사 · 수사가 붙는다.

   Hay nubes. 구름이 있다. Hay un árbol. 나무가 한 그루 있다.
   Hay siete personas en el café. 카페에 사람이 일곱 명 있다.

2. 반면에, estar는 주어가 있는 문장에 쓰이며, 주어가 고유명사나 인칭대명사가 아닐 때 흔히 정관사 · 지시형용사 · 소유형용사가 붙는다.

   Corea está en el Extremo Oriente. 한국은 극동에 있다.

El árbol está en el centro del jardín. 그 나무는 정원 한 가운데 있다.
Mi marido está entre ellos. 내 남편은 그들 사이에 있다.

속담

A buena hambre no hay pan duro.
배가 고프면 딱딱한 빵이 없다. 배고픈데 찬밥 더운밥 가리랴.
시장이 반찬이다.(= No hay mejor salsa que el hambre.)
El plato ajeno está más lleno.
남의 떡이 더 커 보인다.

III. 숫자와 시간

1. ¿Cuántos son?

【예문 29】

1 + 2 = 3	Uno más [y] dos son tres.
9 - 5 = 4	Nueve menos cinco son cuatro.
3 x 8 = 24	Tres por ocho son veinticuatro.
39 ÷ 3 = 13	Trienta y nueve dividido por tres son trece.

Ejercicios 연습

6 + 5	7 + 8	11 + 32	45 + 65	501 + 601
8 - 3	12 - 3	23 - 8	50 - 40	330 - 270
2 x 9	3 x 5	4 x 6	7 x 7	100 x 100
39 ÷ 3	36 ÷ 6	63 ÷ 7	28 ÷ 2	1.500 ÷ 3

십삼만 원	칠만 이천 뻬소
오백만 달러	3억 5천명
6조 2천억	3년 6개월 20일
1492년	2018년

☑ 숫자

1. **기수** : uno, dos, tres, cuatro, cinco, seis, siete, ocho, nueve, diez, once, doce, trece, catorce, quince, dieciséis, diecisiete, dieciocho, diecinueve, veinte, veintiuno, veintidós, veintitrés, veinticuatro, veinticinco, veintiseis, veintisiete, veintiocho, veintinueve, treinta, treinta y uno, treinta y dos, treinta y tres, ... cuarenta, cincuenta, sesenta, setenta, ochenta, noventa, cien(100), ciento uno, ... ciento diez, ... doscientos, trescientos, cuatrocientos, quinientos(500), seiscientos, setecientos, ochocientos, novecientos, mil(1.000), dos mil, ... diez mil(10.000), cien mil(100.000), un millón(1.000.000), dos millones, tres millones, ... mil millones(10억)

예 : 100명의 소녀 cien muchachas, 101명의 학생 ciento un alumnos
101채의 집 ciento una casas, 200유로 / 달러 doscientos euros / dólares
1000명의 군인 mil soldados, T.V. 7000대 siete mil televisores
자동차 백만 대 un millón de coches
9,876,543원 nueve millones ochocientos setenta y seis mil quinientos cuarenta y tres wones.

2. **서수** : primero 제 1의[첫째], segundo, tercero, cuarto, quinto, sexto, séptimo, octavo, noveno, décimo 제 10의, penúltimo 끝에서 두 번째의, último 최후의

예 : 제1장 el capítulo primero (=el primer capítulo), 처음으로 por primera vez, 첫째 en primer lugar, 둘째 en segundo lugar,
1월은 첫째 달이다 Enero es el primer mes. 3월 1일 el primero de marzo

3. **로마숫자** : I, II, III, IV, V, VI, VII, VIII, IX, X(10), XI, XII, XIII, XIV, XV, XVI, XVII, XVIII, XIX, XX(20),.. XXX(30), XL(40), L(50), LX(60), LXX(70), LXXX(80), XC(90), C(100), D(500), M(1.000)

*** 로마숫자는 서수로 읽는 것이 원칙이나, 왕이나 세기를 나타낼 때에 로마 숫자로 쓰고, I-X까지만 서수로, 나머지는 기수로 읽는다.**

예 : 까를로스 5세 Carlos V(quinto), 이사벨 2세 Isabel II(segunda),
제1장 el capítulo I(primero), 7세기 el siglo VII(séptimo),
21세기 el siglo XXI(veintiuno)

4. **분수** : 1 / 2 medio, 1 / 3 una (la) tercera parte, un tercio,
1 / 4 una (la) cuarta parte, un cuarto, 2 / 3 dos terceras partes, dos tercios,
3 / 4 tres cuartas partes, tres cuartos, 4 / 5 cuatro quintas partes

예 : 일 년 반 año y medio, 한 달 반 mes y medio,
한 시간 반 una hora y media, 인구의 2 / 3 dos terceras partes de la población

2. ¿Qué hora es?

【예문 30】

몇 시입니까?	¿Qué hora es?
한시 정각입니다.	Es la una en punto.
두시 십오분입니다.	Son las dos y cuarto [quince].
세시 반입니다.	Son las tres y media [treinta].
네시 십분 전입니다.	Son las cuatro menos diez.
	Faltan diez para las cuatro.

Ejercicios 연습

1. 몇 시입니까? 다섯시 이십분입니다.
2. 몇 시입니까? 여섯시 오분입니다.
3. 몇 시입니까? 일곱시 반입니다.
4. 몇 시입니까? 여덟시 오분 전입니다.
5. 몇 시입니까? 십오분 전 아홉시입니다.
6. 몇 시입니까? 이십분 전 열시입니다.
7. 몇 시입니까? 정오입니다.

☑ 시간 물어보기

잘 아는 사이에 : ¿Qué hora es?, ¿Me das la hora, por favor?
(¿Tienes hora?, ¿Qué hora tiene Ud.?라는 표현도 쓴다.)

약간 격식을 갖출 때 : ¿Puedes decirme la hora, por favor?,

격식을 갖춰 물을 때 : ¿Le importaría decirme la hora, por favor?

3. ¿Qué fecha es hoy?

【예문 31】

오늘 며칠입니까?	¿Qué fecha es hoy?
오월 십사일입니다.	Es catorce de mayo.
오늘 무슨 요일입니까?	¿Qué día es hoy?
수요일입니다.	Hoy es miércoles.

Ejercicios 연습

1. 오늘은 며칠입니까? 9월 9일입니다.
2. 오늘은 며칠입니까? 10월 14일입니다.
3. 오늘은 무슨 요일입니까? 화요일입니다.
4. 오늘은 무슨 요일입니까? 토요일입니다.
5. 오늘은 며칠입니까? 2011년 4월 11일 월요일입니다.

* 예: ***Es viernes, doce de octubre de mil cuatrocientos noventa y dos.***
*(1492*년 *10*월 *12*일 금요일이다.*)*

☑ 요일, 달, 계절, 날짜

1. **요일**: **월** el lunes, **화** el martes, **수** el miércoles, **목** el jueves,
금 el viernes, **토** el sábado, **일** el domingo
(* **주의**: ser **동사 다음에는 관사를 붙이지 않는다. 복수 정관사를 붙이면 '매주'가 된다.**)

2. **달**: enero, febrero, marzo, abril, mayo, junio, julio, agosto, septiembre, octubre, noviembre, diciembre
(* **주의**: **달 앞에는 정관사가 붙지 않는다**: 1**월에** en enero, 2**월에** en febrero.
다만, el mes de enero **라고 할 수는 있다**.)

3. **계절**(las cuatro estaciones del año)
봄 la primavera, 여름 el verano, 가을 el otoño, 겨울 el invierno
~에 en primavera, en verano, en otoño, en invierno

4. 날짜를 묻고 답하는 다른 표현들 :

¿Cuál es la fecha de hoy? ¿Qué fecha tenemos?

(구어체) ¿A qué estamos? ¿A cómo estamos? ¿A cuántos estamos?

Estamos a 5 de mayo. 오늘은 5월 5일이다.

4. ¿Cuándo es?

【예문 32】

네 생일이 언제이지?	¿Cuándo es tu cumpleaños?
7월 19일이야.	Es el diecinueve de julio.
파티는 몇 시이지?	¿A qué hora es la fiesta?
오늘 밤 10시야.	Es a las diez esta noche.

Ejercicios 연습

1. 강연회는 언제 있습니까? 5월 16일입니다.
2. 떼레사의 생일은 언제이지? 3월 30일이야.
3. 부활절은 언제이지? 올해는 4월 둘째 주야.
4. 강연회는 몇 시이지? 오후 3시 정각이야.
5. 뻬뻬의 결혼식은 몇 시이지? 낮 12시야. 늘봄 공원에서.

참조 어휘

1. la conferencia
2. Teresa
3. la Semana Santa, la segunda semana
4. en punto, de la tarde
5. la boda, el parque

속담

A su tiempo maduran las uvas. 모든 일에는 때가 있다.

IV. 과거 · 완료 · 미래 · 명령 : ser, estar, haber

1. ser : fue / era / ha sido / será / sea

【예문 33】 { 단순과거 }

나 [너 · 그 · 우리 · 너희 · 그들]는 2년 동안 군인이었다.
Fui [fuiste · fue · fuimos · fuisteis · fueron] soldado(s) durante dos años.

Ejercicios 연습

1. 마르띠네스 씨는 우리 회사 상무였었다.
2. 마르따와 세르히오는 한때 애인이었다.
3. 그저께가 무슨 요일이었지? 화요일이었어.
4. 어디에서 집회가 있었어? 운동장에서였어.
5. 너희들은 어리석었다.
6. 한때 스페인은 세계에서 가장 강한 나라였다.
7. 당신이 일등이었습니까? 아니요, 이등이었습니다.
8. 그의 목적지는 헤레스였다.

참조 어휘

1. Director General
2. Marta, Sergio, novios
3. anteayer
4. dónde, el mitin, el campo de deportes
5. estúpidos
6. en un tiempo, el país más poderoso del mundo
7. el primero(la primera), el segundo(la segunda)
8. destino, Jeréz

【예문 34】 { 불완료과거 }

어렸을 때, 심한 개구장이였다.
De niño(s), era [eras · era · éramos · erais · eran] muy travieso(s).

Ejercicios 연습

1. 전화가 울렸다. 상무였다.
2. 마르따와 세르히오는 12월에는 이미 애인이 아니었다.
3. 꼰치따는 어렸을 때 울보였었다.
4. 그 때가 몇 시였습니까? 아침 9시였습니다.
5. 12월의 어느 날 밤이었다. 거리들은 어두웠다.
6. 스페인이 세계에서 가장 강한 나라였을 때...
7. 카인은 누구였지요? 아벨의 형이었습니다.
8. 선물들은 아주 예쁘고 쓸모가 있었어.

참조 어휘

1. sonó el teléfono 2. ya no 3. Conchita, llorona
4. de la mañana 5. la calle, oscura 6. Caín, Abel
8. el regalo, bonito y útil

☑ 단순과거 / 불완료과거

1. 단순과거는 과거의 [사건] 혹은 [행위]를 **서술**하며, 불완료과거는 과거의 [상황] 혹은 [배경]을 **묘사**한다.

예: Cuando la clase empezó [단순과거] a las nueve, ya estaba [불완료과거] sentado en el aula. 수업이 9시에 시작했을 때, 이미 교실에 앉아 있었다.

Ayer vi [단순과거] a Ana María. Llevaba [불완료과거] un vestido azul y parecía [불완료과거] contenta. 나는 어제 아나 마리아를 보았다. 푸른색 옷을 입고 있었고, 기분이 좋아 보였다.

2. 불완료과거의 다른 중요한 용법은 과거의 습관적이거나 반복적인 일을 나타내는 것이다.

예: Daba un paseo por la mañana. 아침에 산보를 하곤 했었다.

3. 불완료과거는 그 밖에도, 공손한 말씨(→173쪽 완곡어법)에서, 과거에서 본 미래에서 가능법 대신에, 놀람을 나타날 때, 감정 상태나 정신적 활동을 묘사할 때 등에 사용한다.

예: ¿Qué quería? 무엇을 찾으시나요?

Me dijo que venía hoy. 오늘 온다고 했어.

¡Ah!, ¿pero tú estabas aquí? 어, 너 여기 있었네!

Estaba muy triste. Sabía que no lo conseguiría nunca.

무척 슬펐다. 결코 그것을 얻을 수 없을 것이라는 것을 알고 있었다.

【예문 35】 { 현재완료와 미래형 }

언제나 낙관주의자였고 앞으로도 그럴 것이다.
Siempre he [has · ha · hemos · habéis · han] sido optimista(s) y lo seré [serás · será · seremos · seréis · serán] en adelante.

Ejercicios 연습

1. 그 교수는 우리에게 항상 너그러웠으니까 이번에도 그럴 거야.
2. 그 학생은 지금껏 게을렀지만 앞으로는 안 그럴 것이다.
3. 너는 항상 나의 좋은 친구였고 앞으로도 그럴 것이다.
4. 지금 몇 시쯤 됐을까? 일곱 시쯤 됐을 걸.
5. 내일이 7월 7일일 것이다.
6. 누구일까?

참조 어휘

1. generoso, esta vez　　　2. perezoso

☑ 직설법 미래

1. 미래의 일을 나타내기 보다는 다음과 같이 특수한 기능을 수행한다. 1인칭은 '의지미래', 2인칭 및 usted(es)에게 말할 때는 완곡한 '명령', 3인칭에 대해서 말할 때는 '추측'을 행하는 것이다.

2. 미래의 일은 보통 <직설법 현재>나 <ir + a + 동사원형>으로 나타낸다.* → [예문 58].

3. 추측성 질문에 대해 <haber + de + 동사>, 혹은 <deber + de + 동사>로 답을 하는 경우가 많다. 가령, 위 연습문제 4번의 답은 "Han de ser las siete".라고 할 수 있다. 아래에 [예문 36]과 연습문제가 있다.

【예문 36】 *{ ha de, debe de }*

¿Qué hora será?	몇 시일까?
Han de ser las nueve.	아홉 시일 거야.
¿Qué pasará?	무슨 일일까?
Debe de haber un choque.	틀림없이 충돌사고가 난 걸 거야.

Ejercicios 연습

1. 왜 마리아가 집에 없을까? 몹시 바쁠 거야.
2. 지금 몇 시일까? 틀림없이 네 시쯤 됐을 거야.

참조 어휘

1. María, estar muy ocupada 2. como las cuatro

【예문 37】 { 명령법 }

	부지런해라!	게으름 피우지 마라!
(tú)	¡Sé diligente!	¡No seas flojo!
(vosotros)	¡Sed diligentes!	¡No seáis flojos!
(Ud.)	¡Sea diligente!	¡No sea flojo!
(Vds.)	¡Sean diligentes!	¡No sean flojos!

Ejercicios 연습

1. 너는 신중해라.
2. 너희들은 착해져라.
3. 너는 못되게 굴지 마라.
4. 너희들은 못되게 굴지 마라.
5. 당신은 좀 더 친절해지시오.
6. 당신들은 좀 더 친절해지시오.
7. 당신은 질투하지 마시오.
8. 당신들은 시기하지 마시오.

참조 어휘

1. prudente 3. malo 5. amable 7. celoso / -a 8. envidioso

수수께끼 (Adivinanzas)

1. ¿Qué será, qué es : mientras más grande, menos se ve?
2. Paso por el fuego y no me quemo, paso por el agua y no me mojo.
3. Por más que me cubren, al final me descubren.

1. 크면 클수록 더 안 보이는 것은 무엇일까?
2. 나는 불 속을 지나도 타지 않고, 물 속을 지나도 젖지 않는다.
3. 사람들이 나를 아무리 감추어도, 결국은 나를 찾아낸다.

답: 1. la oscuridad 2. la sombra 3. la mentira

2. estar : estuvo / estaba / estará / estaría
haber : hubo / había / habrá

【예문 38】 { 단순과거 }

나[너 · 그 · 우리 · 너희 · 그들]는 어제 집에 있었다.
Estuve [estuviste · estuvo · estuvimos · estuvisteis · estuvieron] en casa ayer.
어제 사직 운동장에 많은 사람이 있었다.
Hubo mucha gente en el estadio de Sachik ayer.

Ejercicios 연습

1. 언제 루이스가 아팠었지? 지난주에 아팠었다.
2. 너는 오전에 어디 있었니? 도서관에 있었어.
3. 당신은 어디 계셨습니까? 두 달 동안 바르셀로나에 있었습니다.
4. 이 약국은 어저께 문을 열지 않았다.
5. 지난 달 일본에 지진이 한 번 있었다.
6. 월요일에 성당에서 성대한 결혼식이 있었다.

참조 어휘

1. Luis, enfermo, la semana pasada
2. la biblioteca, por la mañana
3. Barcelona, dos meses
4. la farmacia, cerrada
5. el Japón, un terremoto
6. el lunes, la iglesia, una boda muy elegante

【예문 39】 { 불완료과거 }

나는 한 시에 거기 있었다. Estaba allí a la una.
거리에 사람이 많았다. Había mucha gente en la calle.

Ejercicios 연습

1. 어제 루이스가 아프던데, 오늘은 어떤가요?
2. 두 시에 엘레나가 실험실에 있던데, 지금도 거기 있나?
3. 그때 그들은 집 안에 있었는가, 아니면 밖에 있었는가?
4. 한 시에 보니까 그 약국은 문을 닫았던데...
5. 여기 입장권이 다섯 장 있었는데 지금은 네 장밖에 없네!?

참조 어휘

2. Elena, el laboratorio
3. dentro de, fuera de
5. las entradas, no-más que

【예문 40】 { 미래형 }

그는 지쳐 있을 것이다. Estará cansado.
사람이 많이 있을 것이다. Habrá mucha gente.

Ejercicios 연습

1. 나, 세 시에 거기 있을게.
2. 너는 집에 있어라. (*명령형의 대용)
3. 지금 은행은 문을 열었을 것이다.
4. 우리들은 내일 해변에 있겠다.
5. 상점들은 문을 닫았을 것이다.
6. 이 근처에 책방이 하나 있을 것이다.
7. 이곳 담당자가 있을 것이다.

참조 어휘

4. la playa
5. las tiendas
6. una librería
7. un encargado de aquí

【예문 41】 { 현재완료 }

나는 멕시코에 두 번 가 봤다.
He estado dos veces en México.

Ejercicios 연습

1. 너는 콜롬비아에 가 본 적이 있느냐?
2. 당신은 과테말라에 가 본 적이 있습니까?
3. 당신들은 영국에 가 본 적이 있습니까?

참조 어휘

2. Guatemala 3. Inglaterra; el Reino Unido

[예문 42] { 가능법 불완료형 }

아마도 그가 아팠을 것이다.

Estaría enfermo. (= Probablemente estaba enfermo.)

Ejercicios 연습

1. 아마도 훌리오는 화가 나 있었을 것이다.
2. 아마도 또마스는 모스크바에 있었을 것이다.
3. 아마도 그 여자들은 임신 중이었을 것이다.

참조 어휘

1. Julio 2. Tomás, Moscú

** ser의 가능법 불완료형 (예) **

아마도 그는 아랍 인이었을 게다.

Sería árabe. (= Probablemente él era árabe.)

V. 규칙변화동사

1. ¿Hablas / Comes / Vives?

[예문 43]

너희들은 스페인어 할 줄 아니? 응, 스페인어 약간 할 줄 안다.
¿Habláis español? Sí, hablamos un poco de español.
너희들은 쌀을 먹지? 응, 우리들은 쌀을 먹는다.
¿Coméis arroz? Sí, comemos arroz.
너희들은 도시에 사니? 아니, 우리들은 시골에 살아.
¿Vivís en la ciudad? No, vivimos en el campo.

Ejercicios 연습

1. 당신은 영어를 합니까? 네, 저는 영어를 약간 합니다.
2. 당신들은 생선을 드시나요? 네, 저희들은 생선을 많이 먹습니다.
3. 너는 아파트에 사니? 아니, 나는 단독주택에 살아.
4. 너희들은 토요일에 일하니? 응, 토요일에 일한다.
5. 당신은 중국어를 배우고 있습니까? 아니요, 불어를 배웁니다.
6. 당신들은 전자메일을 많이 씁니까? 아니요, 전화를 많이 합니다.
7. 호세는 노래를 잘 합니까? 네, 노래도 잘 부르고 기타도 잘 칩니다.
8. 너는 매일 빨래하니? 아니, 일주일에 한 번만 해.

참조 어휘

2. pescado 3. apartamento; departamento(Mex); piso (Sp) una casa particular
4. trabajar 5. aprender, el chino 6. usar correo electrónico, telefonear
7. cantar, tocar la guitarra 8. lavar, todos los días, solo una vez por semana

☑ Vosotros / Ustedes

중남미에서는 복수 2인칭, 즉 vosotros가 없고, 대신에 ustedes를 쓴다. 따라서 위의 예문들을 중남미에서는 각각, ¿Hablan Uds. español?, ¿Comen Uds. arroz?, ¿Viven Uds. en la ciudad?로 말한다.

2. ¿Qué idioma habla?

[예문 44]

어떤 언어를 말하십니까? ¿Qué idioma habla Ud.?
무엇을 잡수십니까? ¿Qué come Ud.?
어디 사십니까? ¿Dónde vive Ud.?

Ejercicios 연습

1. 너는 어떤 언어들을 말하니?
   나는 한국어와 스페인어, 그리고 영어를 말한다.
2. 하신또, 너는 어떤 과목을 공부하니?
   어머니, 저 지금 국사 공부해요.
3. 그들은 어떤 책들을 삽니까?
   관광 안내 책을 사고 있습니다.
4. 저 수상한 자는 무엇을 파는 거니?
   그는 마약중독자야, 그리고 마약을 팔아.
5. 너는 무엇을 빨래하니?
   나는 속옷을 빨고 있어.
6. 너희들은 무엇을 공부하니?
   우리들은 동사 변화를 공부하는 중이야.
7. 당신은 옷을 어디서 삽니까?
   동대문시장에서 삽니다.
8. 아가씨들은 어디서 일합니까?
   우리는 병원에서 일하고 있습니다.
9. 당신은 어디서 스페인어를 배웁니까?
   부산외국어대학교에서 배우고 있습니다.

참조 어휘

1. coreano, inglés
2. Jacinto, las materias / asignaturas, estudiar, la Historia Nacional
3. libro, guías turísticas
4. un tipo sospechoso, drogadicto, drogas
5. la ropa interior
6. la conjugación de los verbos
7. el Mercado Dongdemun
8. señoritas, un hospital / una clínica
9. la Universidad Busan de Estudios Extranjeros

속담

En boca cerrada no entran moscas.
입을 다물면 실수가 없다. 침묵은 금이다.
La cabra siempre tira al monte.
염소는 언제나 산으로 향한다. 세 살 버릇 여든까지 간다.

3. ¿A quién espera?

【예문 45】 { 직접 목적 대명사 }

나를 [너를·그를·그녀를·우리를·너희를·그들을·그녀들을] 기다린다.
Me [te·lo (le)·la·nos·os·los (les)·las] espera.

Ejercicios 연습

1. 네가 꽃들을 꺾지?
   아니요, 저는 그것들을 꺾지 않아요.
2. 당신은 비타민제를 드시나요?
   아니요, 그것들을 들지 않습니다.
3. 너희들은 스페인어를 공부하니?
   응, 그것을 공부한다.
4. 당신들은 이 조각품을 파시나요?
   아니요, 그건 팔지 않습니다. 전시용입니다.
5. 당신은 나를 이해합니까?
   네 당신(남 / 녀)을 이해합니다.
6. 욜란다가 너를 기다리니?
   응, 그녀가 나를 기다려.
7. 수위들이 당신들에게 인사를 합니까?
   네, 우리들에게 인사를 합니다.
8. 당신은 우리와 동행하시겠습니까?
   네, 당신들과 같이 가겠습니다.
9. 당신은 그녀를 진정으로 사랑합니까?
   네, 진심으로 그녀를 사랑합니다.

참조 어휘

1. cortar las flores
2. tomar, vitaminas
4. la escultura, Es para la exhibición.
5. comprender
6. Yolanda
7. saludar, el portero
8. acompañar
9. querer, de todo corazón, amar, con todo el corazón

* **수위** : el portero(**문지기**), el guardia, vigilante(**경비원**), el bedel(**학교의**), el conserje(**관리인**)

☑ 직접목적격과 간접목적격이 우리말과 다른 경우

1. 우리말로는 '-에게 인사'하고, '-에게 축하'하는 것이지만, 스페인어 동사 saludar, felicitar는 직접목적격을 필요로 한다.

   예 : El portero saluda a Julia. Pero yo no la saludo a ella.
   수위는 훌리아에게 인사한다. 그러나 나는 그녀에게 인사하지 않는다.
   La felicité por su graduación. 나는 그녀에게 졸업을 축하했다.

2. 우리말로는 '-를 때리다'이지만, 스페인어 동사 pegar는 간접목적격을 받는다.

   예 : Nunca le pego a mi hermanito. 나는 절대로 동생을 때리지 않는다.

[예문 46]

손님은 물건 값을 무엇으로 치르나요?
돈으로 지불합니다.
¿Con qué paga el cliente el valor de la mercancía?
Lo paga con dinero.

Ejercicios 연습

1. 소방관은 무엇으로 불을 끄지요?
   물줄기로 그것을 끕니다.
2. 당신은 무엇으로 잠긴 문들을 엽니까?
   열쇠로 그것들을 엽니다.
3. 너는 무엇으로 고기를 먹지?
   포크와 나이프로 그것을 먹는다.
4. 한국 사람들은 무엇으로 식사를 합니까?
   우리 한국 사람들은 숟가락과 젓가락으로 식사를 합니다.

참조 어휘

1. el bombero, el fuego, apagar con chorros de agua
2. abrir, las puertas cerradas, con las llaves
3. la carne, con tenedor y cuchillo
4. los coreanos, con cuchara y palillos

속담

El que no llora, no mama. 우는 아이에게 젖을 준다.

4. ¿Corres más rápido que ella?

【예문 47】 { 비교 }

a) 그녀는 나보다 빨리 달린다.
Ella corre más rápido que yo.
그녀는 아나만큼 빨리 달린다.
Ella corre tan rápido como Ana.

b) 그는 스페인어를 나보다 잘한다.
Él habla español mejor que yo.
그는 스페인어 원어민만큼 잘한다.
Habla tan bien como un hispanohablante nativo.

c) 너는 나보다 공부를 많이 한다.
Estudias más que yo.
나는 너만큼 공부를 하지 않는다.
Yo no estudio tanto como tú.

d) 그녀는 그보다 많은 시를 쓴다.
Ella escribe más poemas que él.
그는 그녀만큼 많은 시를 쓰지 않는다.
Él no escribe tantos poemas como ella.

Ejercicios 연습

a) 너는 나보다 천천히 걷는다.
너는 나만큼 빨리 걷지 않는다.
b) 그녀는 너보다 그림을 잘 그린다.
그녀는 화가만큼 그림을 잘 그린다.
c) 저 백화점은 이 백화점보다 많이 판다.
이 백화점은 저 백화점만큼 팔지 못한다.
d) 후안 까를로스는 그녀들보다 많은 책을 산다.
그녀들은 그(후안)만큼 많은 책을 사지는 않는다.

참조 어휘

a) andar / caminar, despacio
b) pintar, pintor
c) el almacén
d) Juan Carlos

속담

Más vale prevenir que curar. 치료보다 예방이 낫다. 유비무환.

5. ¿Hablaste / Comiste / Viviste?

【예문 48】 { 규칙동사의 단순과거 }

hablé hablaste habló hablamos hablasteis hablaron
comí comiste comió comimos comisteis comieron
viví viviste vivió vivimos vivisteis vivieron

Ejercicios 연습

1. 그 교수는 스페인어로 말씀하셨습니까?
아니요, 영어로 말씀하셨습니다.
2. 교황은 낙태에 대해 말씀하셨습니까?
아니요, 세계 평화에 대해 말씀하셨습니다.

3. 당신은 술을 마셨습니까?
   아니요, 우유를 마셨습니다.
4. 자네는 집을 팔았는가?
   응, 집을 팔았네.
5. 너는 백화점에서 이 옷을 샀니?
   아니, 인터넷으로 그것을 샀어.
6. 자네는 어제 소포를 받았나?
   오늘 아침에 그것을 받았네.

참조 어휘

1. en español, en inglés
2. hablar de, el aborto, la paz del mundo
3. beber licor, leche
5. el almacén, a través de Internet
6. recibir, el paquete, esta mañana

【예문 49】

너는 어느 서점에서 이 책을 샀니?
¿En qué librería compraste este libro?

Ejercicios 연습

1. 강연자는 어떤 언어로 말했습니까?
   불어로 말했습니다.
2. 그 분은 무엇에 대해 말했습니까?
   마음의 평화에 대해 말했습니다.
3. 당신은 어느 학원에서 미용술을 배웠습니까?
   '방실' 학원에서 그것을 배웠습니다.

참조 어휘

1. ¿en qué idioma? el conferenciante
2. la tranquilidad espiritual
3. academia, la cosmetología

【예문 50】 *{ (a)현재완료 / (b)단순과거 / (c)현재 / (d)미래 }*

(a) 편지 받은 거 있니? ¿Has recibido alguna carta?
(a) 응, 몇 통 받았어. Sí, he recibido algunas.
(b) 응, 어제 한 통 받았어. Sí, ayer recibí una.
(c) 응, 방금 한 통 받았어. Sí, acabo de recibir una.

Ejercicios 연습

1. (a) 기차가 이미 떠났습니까?
   (a) 네, 이미 기차는 떠났습니다.
   (b) 십분 전에 떠났습니다.
2. (a) 너는 이제 여행에서 돌아왔니?
   (b) 어제 밤에 도착했어.
   (a) 며칠 동안 재미있었어.
3. (b) 자네는 어제 소포를 받았나?
   (a) 아니, 아직 그것을 못 받았네.
4. (a) 빠꼬가 숙제 다 했니?
   (c)네, 그가 방금 다 했어요.
5. (a) 자네는 일자리를 찾았나?
   (c) 아직 모르겠어.
   (d) 내일 말해준대.

참조 어휘

1. ya, salir, el tren, hace diez minutos
2. ¿Ya has vuelto de tu viaje?, llegar, unos días interesantes
3. el paquete, todavía
4. Paco, hacer los deberes
5. encontrar trabajo, aún, saber, decir, mañana.

속담

Dinero que prestaste, enemigo que te echaste.
돈 빌려주고 욕먹기. 친구 사이의 금전 거래는 원수를 만든다.

6. ¡Apréndalo!

【예문 51】 { 명령형 + 직·목대명사 }

그걸 잡아라 / 배워라 / 열어라

(tú) Tómalo. / Apréndelo. / Ábrelas.

그걸 잡지 마라 / 배우지 마라 / 열지 마라

No lo tomes. / No lo aprendas. / No las abras.

(Ud.) Tómelo. / Apréndalo. / Ábralas.

No lo tome. / No lo aprenda. / No las abra.

(vosotros) Tomadlo. / Aprendedlo. / Abridlas.

No lo toméis. / No lo aprendáis. / No las abráis.

(Uds.) Tómenlo. / Apréndanlo. / Ábranlas.

No lo tomen. / No lo aprendan. / No las abran.

Ejercicios 연습

1. (너) 천천히 말해라.
   (당신) 천천히 말씀해 주십시오.
2. (너) 영어를 공부해라.
   그것을 공부해라.
   그것을 공부하지 마라.
3. (당신) 가방을 여시요.
   그것을 여시요.
   그것을 열지 마시오.
4. (너) 이 포도주를 마셔라.
   그것을 마셔라.
   그것을 그토록 마시지는 마라.
5. (너) 담배 피우지 마라.
   (당신) 담배 피우지 마시오.
   (너희들) 여기서 담배 피우지 마라.
   (당신들) 여기서 담배 피우지 마시오.
6. (너) 타라. / 타지 마라.
   (당신) 타시오. / 타지 마시오.

(너희들) 타라. / 타지 마라.
(당신들) 타시오. / 타지 마시오.

7. (너) 우측통행해라.
(당신) 우측통행하시오.
8. 힘을 함부로 쓰지 마라.
9. 쓰레기를 길에 버리지 마라.
10. 인터넷에서 세비야에 대한 정보를 찾아라.

참조 어휘

3. la maleta
4. el vino
5. fumar
6. subir
7. conservar tu / su derecha
8. abusar de tu fuerza
9. tirar, basura
10. buscar, información, en internet, sobre Sevilla

☑ 명령법

1. tú에 대한 긍정명령은 직설법 현재 단수 3인칭 변화형을 취한다. 목적대명사가 따라 올 때는 원래의 악센트 위치에 악센트 부호를 붙인다.
   예 : tomar : tomo - tomas - toma - tomamos - tomáis - toman / Tómalo.

2. usted / ustedes에 대한 긍정명령은 각각 접속법 현재 단수 3인칭 및 복수 3인칭을 취한다.
   tomar : tome - tomes - tome - tomemos - toméis - tomen / comer : coma - comas - coma - comamos - comáis - coman / abrir : abra - abras - abra - abramos - abráis - abran

3. vosotros에 대한 긍정 명령은 어미에 따라 각각 -ad, -ed, -id를 붙인다 :
   tomad / comed / abrid

4. tú / vosotros 에 대한 부정명령은 접속법 단수 2인칭 및 복수 2인칭을 취한다. 목적대명사는 no와 동사 사이에 놓는다.
   예 : No lo tomes / No lo toméis.

5. Ud. / Uds.에 대한 부정명령은 긍정명령과 같은 형태에 no만 덧붙이면 된다.
   예 : No lo tome. No lo tomen.

명언

Conócete a ti mismo. 너 자신을 알라. (소크라테스)

VI. 불규칙변화동사

1. <tener>

- **직설법 현재** : tengo - tienes - tiene - tenemos - tenéis - tienen
  단순과거 : tuve - tuviste - tuvo - tuvimos - tuvisteis - tuvieron
  불완료과거 : tenía - tenías - tenía - teníamos - teníais - tenían
  미래 : tendré - tendrás - tendrá - tendremos - tendréis - tendrán
  현재완료 : he *[has- ha - hemos - habéis - han]* tenido
  과거완료 : había *[habías- había- habíamos- habíais- habían]* tenido
  가능법불완료 : tendría-tendrías-tendría-tendríamos-tendríais-tendrían
  가능법완료 : *habría [habrías habría habríamos habríais habrían]* tenido
  명령법 : (tú) Ten. / No tengas.
  (vos.) Tened. / No tengáis.
  (Ud.) Tenga. / No tenga.
  (Uds.) Tengan. / No tengan.

【예문 52】

나이가 몇 살이니? ¿Cuántos años tienes? ¿Qué edad tienes?
돈이 얼마 있니? ¿Cuánto dinero tienes?
누가 그것을 갖고 있니? ¿Quién lo tiene?
너 돈 있어? ¿Tienes dinero?

Ejercicios 연습

1. 너 몇 살이니? 열여덟 살이다.
2. 당신은 몇 살입니까? 스물두 살입니다.
3. 그는 몇 살일까? 한 사십 됐을 걸. (*미래형으로)
4. 그때 그는 몇 살이었을까? 삼십오 세쯤 안 됐을까. (*가능법으로)
5. 너 볼펜 몇 자루 있니? 한 자루뿐이 없다.

6. 당신은 돈이 얼마 있습니까? 만 원 이상 있습니다.
7. 너희들 돈이 얼마 있니? 오천 원 안 되게 있어.
8. 누가 내 사전 갖고 있지? 내가 그것을 갖고 있다.
9. 너 오늘 수업 있니? 응, 아홉 시에 하나 있어.
10. 당신은 여자 친구가 많습니까? 아니요, 한 명도 없습니다.
11. 너는 스페인어 원서가 있니? 아니, 나는 한 권도 없어.

참조 어휘

4. (en aquel) entonces
5. el bolígrafo, no - más que
6. más de
7. menos de
8. el diccionario
9. una, a las nueve
10. no - ni una (ninguna)
11. algún libro en español, ninguno

【예문 53】 ***tener**를 쓰는 관용적 표현들*

아델라는 목이 말랐다. Adela tenía sed.

Ejercicios 연습

1. 나는 춥고 배고프다.
2. 너는 운이 좋다.
3. 헤수스는 장점이 많다.
4. 우리는 오늘 교수님과 면담이 있다.
5. 너희들 말이 옳다.
6. 잠이 온다.
7. 나는 꿈이 있다.
8. 참아라. 이제 다 와 간다.
9. 페인트 조심하세요.
10. 나는 개가 무섭다.
11. 넌 뭐가 그리 급하니?
12. 그는 모자를 손에 들고 있다.
13. 나는 머리[배]가 아프다.
14. 그들은 극장 갈 맘이 없다.
15. 마리솔의 눈은 푸른색이다.
16. 우리들은 놀 시간이 없다.
17. 그건 네 잘못이 아니야.

참조 어휘

1. frío, hambre 2. suerte 3. Jesús, cualidades
4. una entrevista con 5. razón 6. sueño
7. un sueño 8. paciencia. Ya llegamos.
9. cuidado con la pintura 10. miedo al perro
11. prisa. ¿por qué? 12. la gorra en la mano
13. dolor de cabeza [estómago] 14. ganas de ir al cine 15. los ojos azules
16. tiempo para jugar 17. la culpa

【예문 54】

너는 왜 물을 그렇게 많이 마시니? 목이 마르기 때문이야.
¿Por qué bebes tanta agua? Porque tengo sed.
너는 왜 물을 그리 많이 마셨니? 목이 말랐기 때문이야.
¿Por qué bebiste tanta agua? Porque tenía sed.

Ejercicios 연습

1. 당신은 왜 식사를 하지 않습니까? 배가 고프지 않기 때문입니다.
   당신은 왜 식사를 안 하셨습니까? 배가 안 고팠기 때문입니다.
2. 너는 왜 자지 않니? 졸리지 않기 때문이야.
   너는 왜 자지 않았니? 졸리지 않았기 때문이야.
3. 왜 그들은 일을 하지 않습니까? 돈이 있기 때문입니다.
   왜 그들은 지난주에 일을 하지 않았습니까? 돈이 있었기 때문입니다.

속담

Todo perro tiene su día.
어느 개나 다 자기 때가 있다. 쥐구멍에도 볕들 날 있다.

【예문 55】 *≪ Es necesario / Hay que / Tener que ≫*

쉴 필요가 있다. Es necesario descansar.
쉬어야 한다. Hay que descansar.
너는 쉬어야 한다. Tienes que descansar.

Ejercicios 연습

1. 운전은 조심스럽게 할 필요가 있다.
2. 그를 기다릴 필요가 있다.
3. 이따금 즐길 필요가 있다.
4. 무엇인가 해야 한다.
5. 걱정하지 않아도 된다.
6. 아이들은 학교에 가야 한다.
7. 너희들은 돈을 더 적게 써야 한다.
8. 현금으로 지불해야 합니까?

참조 어휘

1. conducir (manejar) con cuidado
3. divertirse a veces
4. hacer algo
5. preocuparse
6. ir a la escuela, los niños
7. gastar menos
8. pagar, en efectivo

☑ tener의 동류 동사

poner, salir, venir도 tener와 같은 유형의 불규칙변화를 한다. 단, 직설법 단순과거와 과거분사는 예외로 한다.

단순과거 : poner : puse-pusiste-puso-pusimos-pusisteis-pusieron
salir : 규칙변화함(salí-saliste-salió-salimos...)
venir : vine-viniste-vino-vinimos-vinisteis-vinieron

과거분사 : poner : puesto
salir, venir : 규칙변화함(salido, venido)

2. <ir>

- **직설법 현재** : voy - vas - va - vamos - vais - van
  단순과거 : fui - fuiste - fue - fuimos - fuisteis - fueron
  불완료과거 : iba - ibas - iba - íbamos - ibais - iban
  미래 : iré - irás - irá - iremos - iréis - irán
  완료 : he, has, ha, hemos, habéis, han + ido
  가능법 불완료 : iría - irías - iría - iríamos - iríais - irían

[예문 56]

어디 가니? 어떻게 가니?

¿(A) Dónde vas? ¿Cómo vas?

Ejercicios 연습

1. 너 어디 가니? 나 박물관에 간다.
   어떻게 갈 건데? 걸어서 간다.
2. 당신들은 이번 주말에 어디 가십니까? 제주도에 갑니다.
   배로요, 아니면 비행기로요? 비행기로 갑니다.
3. 빠블로는 어제 어디 갔지? 세비야에 갔어.
   자동차로, 아니면 기차로? 버스로 갔어.
4. 우리 어떻게 갈까? 지하철로 가자.
5. 사업은 잘 되어 갑니까? 네, 모두 잘 돼 갑니다.
   아니요, 악화일로를 걷고 있습니다.

참조 어휘

1. ir + a + el ⇒ ir al museo, a pie
2. el fin de semana, en barco o en avión
3. en coche o en tren, en autobús
4. en metro
5. ¿cómo le va en los negocios?, todo ir bien, ir de mal en peor

[예문 57] ***¿A qué hora va?***

몇 시에 그는 가니 / 오니 / 떠나니 / 도착하니 / 돌아오니?

{현재} va / viene / sale / llega / regresa · vuelve

{현재완료} ha + ido / venido / salido / llegado / regresado · vuelto

{단순과거} fue / vino / salió / llegó / regresó · volvió

{미래} irá / vendrá / saldrá / llegará / regresará · volverá

Ejercicios 연습

1. 너는 몇 시에 학교에 갔다가 몇 시에 집에 돌아오니?
   나는 보통 아침 8시에 나갔다가 저녁 5시 반에 돌아온다.

2. 당신은 어제 몇 시에 사무실에 나갔다가 몇 시에 집에 돌아왔습니까?
   저는 어제 아침 7시에 나갔다가 밤 10시에 돌아왔습니다.
3. 몇 시에 기차가 떠납니까?
   벌써 떠났습니다.
4. 몇 시에 비행기가 도착하였습니까?
   방금 도착하였습니다.
5. 몇 시에 우체부가 올까요?
   늦어도 10시에는 올 것입니다.
6. 몇 시에 그들이 사무실을 떠날까요?
   6시에 나갈 것입니다.

참조 어휘

3. ya
4. Acaba de llegar el avión.
5. el cartero, a más tardar
6. salir de la oficina

【예문 58】 ≪*ir* + *a* + 동사원형≫

너 무엇 하려고 하니? ¿Qué vas a hacer?
나는 낮잠이나 잘까 해. Voy a tomar la siesta.

Ejercicios 연습

1. 너는 오늘밤에 뭐 할 거니?
   남자 친구와 데이트하려고 해.
2. 너는 무엇을 사려고 하니?
   DVD를 하나 사려고 해.
3. 너희들은 무슨 영화 보려고 하니?
   SF(공상과학) 영화를 한 편 볼까 해.
4. 너는 다음 달에 만 몇 살이 되지?
   나는 21살이 돼.
5. 당신들은 이번 휴가를 어디서 보내시려고 합니까?
   우리는 조용한 바닷가에서 보내려고 합니다.

참조 어휘

1. esta noche, salir con un amigo
2. un DVD
3. ¿qué película? una película de ciencia ficción
4. cumplir, el mes que viene
5. las vacaciones, una playa tranquila

3. <dar>

- **직설법 현재** : doy das da damos dais dan
  단순과거 : di diste dio dimos disteis dieron
  불완료과거 : daba dabas daba dábamos dabais daban
  미래 : daré darás dará daremos daréis darán
  명령법 : (tú) Da. No des. (vos.) Dad. No deis.
  (Ud.) Dé. No dé. (Uds.) Den. No den.

- **간접목적대명사** : me / te / le *se / nos / os / les *se
  (직 · 목 대명사 : me / te / lo · (le) · la / nos / os / los · (les) · las

[변환 예]

a) Doy una rosa a mi novia. ⇢ Le doy una rosa (a mi novia).
⇢ Le la doy (a mi novia). ×
⇒ Se la doy (a mi novia).

b) Doy un libro a mi amigo. ⇢ Le doy un libro (a mi amigo).
⇢ Le lo doy (a mi amigo). ×
⇒ Se lo doy (a mi amigo).

[예문 59]

누구에게 그걸 주었니?
¿A quién se lo diste?
내 친구에게 그걸 주었어.
Se lo di a mi amigo.

Ejercicios 연습

1. 누구에게 이 선물을 주실 겁니까?
   제 애인에게 그것을 주려고 합니다.
2. 그들은 누구에게 상을 주었습니까?
   그들은 돌로레스 양에게 상을 주었습니다.
3. 누가 너에게 그 돈을 주었지?
   아빠가 그 돈을 제게 주셨어요.
4. 너는 누구에게 그 여자 인형들을 줄려고 하니?
   마르가리따에게 그것들을 주겠어요.

참조 어휘

1. el regalo 2. el premio 4. la muñeca

【예문 60】

그 책을 마리아에게 주시오. ⇒ 그녀에게 그것을 주시오.
Déle ese libro a María. ⇒ Déselo (a María).
그 책을 호세에게 주지 마시오. ⇒ 호세에게 그것을 주지 마시오.
No le dé ese libro a José.⇒ No se lo dé a José.

Ejercicios 연습

1. 너는 그것(el globo : 풍선)을 그녀에게 주어라.
   너는 그것을 호세에게 주지 마라.
2. 당신은 그것들(las rosas)을 실비아에게 주시오.
   당신은 그것들을 베아뜨리스(Beatriz)에게 주지 마시오.
3. 너는 그것들(las postales : 그림엽서들)을 내게 다오.
   너는 그것들을 까를로스에게 주지 마라.
4. 너희들은 그것(la pelota : 공)을 우리에게 주어라.
5. 당신들은 그것(el dinero)을 그에게 주지 마시오.
6. 너는 그것을 아무에게도 주지 마라.

☑ 중복형 목적대명사

1. 강세 대명사(mí, ti, él, ella, usted, nosotros, nosotras, vosotros, vosotras, ellos, ellas, ustedes)를 사용할 때 반드시 약세 대명사(me, te, la, lo, le, se, nos, os, las, los, les, lo)를 중복적으로 쓴다.

   예: **Lo** encontré **a él** en el café. 나는 그를 카페에서 보았다.

   No **le** di **a ella** una propina. 나는 그녀에게 팁을 주지 않았다.

2. 직접목적어가 분명히 드러날 때는 중복형을 쓰지 않는다.

   예: Encontré **a Carlos** en el café. 나는 까를로스를 카페에서 보았다.

   단, 목적어가 문두에 올 때는 중복형을 쓴다: **A Carlos lo** encontré en el café.

3. 간접목적어일 때는 선택적이긴 하나 대체로 중복형을 쓴다.

   예: No **(le)** di **a Marta** el cheque. 나는 마르따에게 그 수표를 주지 않았다.

【예문 61 & 연습】 *{ dar의 용법과 관용구 }*

1. **(거저)주다 :** Mi tío me dio este reloj. 삼촌이 내게 이 시계를 주셨다.
   ① 조카에게 생일에 무엇을 주었습니까?

2. **(건네)주다 :** Dame ese libro que está ahí. 거기 있는 책을 내게 다오.
   ① 우리는 호텔에서 보이에게 여행 가방을 넘겨준다.
   * el mozo, las maletas

3. **(생산·제공해)주다 :** El Sol da luz y calor. 태양은 빛과 열을 준다.
   ① 소는 우유를 주고 양은 양털을 준다.
   *la vaca, la oveja, la lana
   ② 올해 밤나무에 밤이 많이 열렸다.
   *el castaño, la castaña

4. **(시계가) 시간을 알리다 :** Dan las doce. 시계가 열두 시를 알린다.
   Da la una. 한 시를 친다.
   ① 곧 열 시를 칠 거야.

5. dar un paseo 산보하다
   ① 우리 공원으로 산보나 갑시다.
   * por el parque

6. dar un beso 입맞춤하다 / dar un abrazo 껴안다 / dar un pellizco 꼬집다
   ① 내게 뽀뽀 한 번 해주렴.
   ② 그녀는 내 다리를 꼬집었다.
   * en la pierna

7. dar un grito, dar voces 소리를 지르다 / dar un suspiro 한숨을 쉬다
① 그녀는 공포의 비명을 질렀다.
* grito de horror

8. dar una vuelta, dar la vuelta, dar vueltas : 돌다, 회전하다
① 지구는 태양의 주위를 돈다.
② 훌리오 베르네는 80일 만에 세계를 일주하였다.
* alrededor del Sol / Julio Verne, en ochenta días

9. dar una bofetada 따귀를 갈기다 / dar un puntapié 발로 걷어차다
① 너 가만히 안 있으면 따귀를 갈겨 줄테다.
* si no estás quieto

10. dar (las) gracias 감사를 표하다 / dar la bienvenida 환영하다
① 당신의 친절에 감사드립니다.
* por su bondad

11. dar un consejo 충고 · 조언하다 / dar parte 알리다, 통지하다
① 자동차 사고는 보험회사에 빨리 알려야 합니다.
* el accidente de coche, al seguro ó a la compañía de seguros

12. dar a : -향하여 있다
La ventana da a la calle. 창문이 길 쪽으로 나 있다
① 우리 집은 남향이다.
* el Sur

13. dar con : 마주치다; 부딪치다; 찾아내다 / dar contra : 부딪치다
① 어제 나는 빚쟁이와 호텔에서 마주쳤다.
② 나는 적당한 말이 떠오르질 않는다.
* el acreedor / la palabra adecuada

14. dar por + adj. / p.p. : -으로 인정 · 간주하다
Todos le dieron por muerto. 모두가 그를 죽은 것으로 간주했다.
① 나는 그 돈을 잃어버린 것으로 간주한다.
* perder

15. dar a luz un hijo / una hija 아들 / 딸을 출산하다
Isabel dio a luz a Anita el año pasado.
이사벨은 작년에 아니따를 낳았다.
① 당신은 건강한 아이를 낳을 거요.

** **참고** **

'**태어나다**'**는** nacer : Nací en 1992. **나는** 1992**년생이다**.

속담

1. Toma y daca.
2. Más vale un toma que dos te daré.
3. Quien no tiene, dar no puede.
4. Lo dado es dos veces grato.
5. Quien algo te da, algo de ti querrá.
6. Da con medida, para que des toda tu vida.

1. 주고받기
2. 수중의 한 마리 새가 숲 속의 두 마리보다 낫다
3. 가진 것이 없는 자는 줄 수가 없다. 광에서 인심난다.
4. 공짜는 두 배로 즐겁다.
5. 네게 무엇을 주는 자는, 네게 무엇인가 바라는 것이 있을 것이다. 이 세상에 공짜는 없다.
6. 일생 동안 주고 싶거들랑 적당히 주어라.

4. <hacer>

- **직설법 현재** : hago - haces - hace - hacemos - hacéis - hacen

단순과거 : hice - hiciste - hizo - hicimos- hicisteis- hicieron

불완료과거 : hacía- hacías- hacía- hacíamos- hacíais- hacían

미래 : haré - harás - hará - haremos - haréis - harán

완료 : [he, has, ha, hemos, habéis, han] + hecho

가능법 불완료 : haría- harías- haría- haríamos- haríais- harían

명령법 : (tú) Hazlo. No lo hagas. (vosotros) Hacedlo. No lo hagáis.
(Ud.) Hágalo. No lo haga. (Uds.) Háganlo. No lo hagan.

【예문 62】

학생은 무엇을 합니까? 공부를 합니다.
¿Qué hace el estudiante? Estudia.

Ejercicios 연습

1. 제빵공은 무엇을 합니까? 빵을 만듭니다.
2. 요리사는 무엇을 합니까? 식당에서 음식을 만듭니다.
3. 디자이너는 무엇을 합니까? 의상을 만듭니다.
4. 청소부는 무엇을 합니까? 거리를 깨끗이 합니다.
5. 정비공은 무엇을 합니까? 공장에서 차를 수리합니다.
6. 어부는 무엇을 합니까? 강이나 바다에서 고기를 잡습니다.
7. 수영 선수는 무엇을 합니까? 헤엄을 칩니다.
8. 경찰관은 무엇을 합니까? 질서를 유지합니다.

참조 어휘

1. el panadero, hacer pan
2. el cocinero, hacer la comida en restaurantes
3. el / la modista, hacer vestidos
4. el barrendero, limpiar las calles
5. el mecánico, arreglar coches en el taller
6. el pescador, pescar, el río, en el mar
7. el nadador
8. el policía, conservar el orden

【예문 63】

뭐 하니 / 했니 / 할래?

¿Qué haces / hiciste / harás?

Ejercicios 연습

1. 너 뭐 하니? 나 책 읽어.
2. 너 어제 뭐 했니? 나 어제 산에 올라갔었어.
3. 너 오후에 뭐 할래? 나 오후에 가방 꾸릴 거야.
4. 당신은 테니스를 칩니까? 아니요, 저는 그거 안 합니다.
5. 네가 이 컵을 깨뜨렸니? 아니요, 쟤가 그랬어요.
6. 누가 접시들을 닦았지? 제가 했어요, 어머니.
7. 너는 떠나길[말하길] 잘 했다
8. 나는 할 게 아무 것도 없다.
9. 나는 어떻게 해야 하는지 모른다.

참조 어휘

1. leer un libro
2. subir al monte
3. hacer las maletas
4. jugar (al) tenis
5. romper el vaso
6. lavar los platos
7. hacer bien marchándose [en decírselo]
8. no tener nada que hacer
9. cómo hacer.

【예문 64】 { 다양한 활동과 운동 }

당신이 하는 스포츠가 있습니까? ¿Hace Ud. algún deporte?

Ejercicios 연습

1. 나는 매일 아침 체조를 한다.
2. 나는 일주일에 두세 번 조깅을 한다.
3. 내 남편은 태권도를 하고 운동을 많이 한다.
4. 그는 손짓을 해서 나를 불렀다.
5. 나는 먼저 숙제를 하고 텔레비전을 봤다.

참조 어휘

1. gimnasia, todas las mañanas
2. footing, dos o tres veces por semana
3. practicar Taekwondo, hacer ejercicio
4. señas para llamarme
5. la tarea, mirar la tele

☑ 기타 활동과 스포츠

농구 jugar al baloncesto
축구 jugar al fútbol
야구 jugar al béisbol
등산 hacer montañismo
트래킹 hacer senderismo
수상스키 hacer esquí acuático
스키 esquiar
스케이트 patinar
승마 montar a caballo
사냥 cazar
낚시 pescar
자전거 ir en bici
역기 levantar pesas
수영 nadar
항해 navegar
스포츠맨 / 스포츠우먼 deportista
무술 practicar arte marcial
운동선수 atleta
테니스선수 tenista
선수 jugador
축구선수 futbolista
모터사이클 경주 hacer carreras de motos
등산가 alpinista
아마추어 aficionado / -a
요가 hacer yoga
에어로빅 hacer aeróbic

【예문 65】 { 만들다 }

하나님이 빛을 만드시고 사람을 만드셨다. Dios hizo la luz e hizo al hombre.

Ejercicios 연습

1. 세실리아 선생님이 그 종이비행기를 만드셨다.
2. 아이들은 두 시간 만에 그 모래성을 만들었다.
3. 그 건축가가 손수 그 집을 지었다.
4. 그 장인(匠人)은 도자기를 하루에 열 개씩 만든다.
5. 내가 그 샐러드를 만들었다.

참조 어휘

1. la maestra Cecilia, la avioneta de papel
2. el castillo de arena, en dos horas
3. el mismo arquitecto
4. el artesano, piezas de porcelana, por día
5. la ensalada

☑ hacer의 다양한 '만들기'

1. El carpintero hizo el armario de nogal.
   목수는 호두나무로 옷장을 짰다.
2. Quiere hacer de ella una buena modista.
   그녀를 훌륭한 디자이너로 만들고 싶어 한다.
3. Le hizo médico a su primogénito. 장남을 의사로 만들었다.
4. La hizo su mujer. 그는 그녀를 아내로 삼았다.
5. Le hizo un hombre. 그를 남자답게 만들었다.
6. Hizo mil pedazos la carta. 그는 편지를 갈가리 찢었다.
7. Este vídeo me hizo feliz. 이 비디오가 나를 행복하게 해주었다.
8. Mañana mi hija hace diez años. 내일이면 내 딸이 열 살이 된다.
9. Ocho y siete hacen quince. 8 더하기 7은 15가 된다.
10. El árbol hace sombra. 나무가 그늘을 만들어준다.
11. El ácido de la manzana ayuda a hacer mejor la digestión.
    사과의 산은 소화가 잘 되도록 돕는다.
12. El sol hace más tranquila, cariñosa y sociable a la gente.
    태양은 사람들을 차분하고 다정하게, 또한 붙임성이 있게 해준다.

[예문 66] ≪ ***hacer por*** ≫ 노력하다

네가 말하는 시간에 도착하도록 해볼게.

Haré por llegar a la hora que me indicas.

Ejercicios 연습

1. 내가 제 시간에 오도록 노력해볼게.
2. 오늘 당장 그에게 편지 쓰도록 해라.
3. 그는 살아나려고 발버둥쳤다.

참조 어휘

2. hoy mismo　3. por salvarse

【예문 67】 ≪ *hacer de*≫ *"*-역을 하다*"*, *"*-으로 일하다*"*(우발적)

이레네는 여선생님 역을 맡았다. Irene hizo de maestra.

나는 칠쟁이 노릇을 해야 했다. Tuve que hacer de pintor.

Ejercicios 연습

1. 레오나르도는 그 영화에서 장군 역을 했다.
2. 이네스는 여변호사 역을 맡았다.
3. 알베르또는 햄릿 역을 맡을 것이다.
4. 내 아들은 광대 짓을 해서 나를 웃긴다.
5. 그는 전시에 간호병으로 일했다.

참조 어휘

1. Leonardo, general, en el cine　2. Inés, abogada
3. Alberto, Hamlet　4. payaso, hacer reír
5. enfermero, durante la guerra

☑ "-역(役)"

예문 67은 스페인의 표현법이며, 중남미에서는 보통 hacer el papel del general, interpretar el papel del general, interpretar al general 등을 사용한다. 연습문제 4번의 경우 역시 마찬가지로서 중남미에서는 보통 hacer payasadas라고 한다.

【예문 68】 ≪ ***hacerse*** +정관사≫, ≪ ***hacerse pasar por***≫ "－척하다"

그녀는 순진한 척한다. Ella se hace la inocente.

나는 내가 페르난다인 척했다. Me hice pasar por Fernanda.

Ejercicios 연습

1. 그는 모자란 척하고 있다(바보인 척).
2. 그는 그녀에게 인사를 하지 않으려고 한눈파는 척했다.
3. 못 들은 척(귀머거리인 척)하지 마시요.
4. 나는 자는 척했다.
5. 그는 용감한 척한다.
6. 채팅할 때 그는 여자인 척했다.

참조 어휘

1. el tonto 2. el distraído 3. el sordo
4. el dormido / la dormida 5. el valiente
6. en el chat, hacerse pasar por mujer

☑ 절로 표현하는 "－척하다" (fingir, disimular, aparentar, pretender)

Hace como que estudia. 공부하는 척한다.

Hace como que trabaja. 일하는 척한다.

【예문 69】 ≪ ***hacer*** +동사원형≫ "－하게 하다"

받아쓰기를 잘하지 못하면 그걸 새로 쓰게 하겠다.

Si no haces bien el dictado, te lo *haré escribir* de nuevo.

Ejercicios 연습

1. 누가 멜리베아를 울게 했나? 깔리스또가 그녀를 울렸지.
2. 누가 당신을 오도록 했습니까? 안셀모가 절 오게 했습니다.
3. 누가 당신들더러 이 나무를 뽑게 했습니까? 이 집 주인이요.

참조 어휘

1. Melibea, Calisto, llorar　　2. venir, Anselmo
3. arrancar el árbol, el dueño

【예문 70】 ≪ ***hacer*** + 명사≫ "-을 하다"

나는 작년에 유럽 여행을 했다.

Hice un viaje por Europa el año pasado.
(= Viajé por Europa el año pasado.)

Ejercicios 연습

1. 나는 방학 때 제주도 **여행**을 하고 싶다.
2. 구스따보는 언제나 **질문**을 많이 한다.
3. 일곱 시 반에 두 사람 예약을 하고 싶습니다.
4. 그는 상당한 **노력**을 하였다.
5. 동생에게 **전화**를 해야겠어.
6. 그녀는 환경오염에 대한 **연구**를 하고 있다.
7. 그녀는 딸을 **쓰다듬**었다.
8. 나 **간지럼**태우지 말아.
9. 너는 할아버지에게 아무 선물도 하지 않았니?
10. 나는 내 여권 **수속**을 하고 있다.
11. 김 사장은 어떤 대학에 기부를 하였다.
12. 라미레스 씨는 **장사**를 도매로 한다.

참조 어휘

1. hacer un viaje (= viajar), 2. hacer preguntas (= preguntar)
3. hacer una reservación (= reservar) para las siete y media para dos personas
4. hacer gran esfuerzo (= esforzarse)
5. hacer una llamada (= llamar)
6. hacer un estudio (= estudiar) sobre la contaminación ambiental
7. hacer caricias (= acariciar)
8. hacer cosquillas (= cosquillear)
9. hacer un regalo (= regalar)
10. hacer trámites (= tramitar) para mi pasaporte
11. hacer un donativo (= donar)
12. el Sr. Ramírez, hacer negocios (= negociar) al por mayor
 * al por menor, al menudeo **소매로**

【예문 71 & 연습】 ≪ ***hacer*** +명사의 관용구≫

1. hacer la cama 이부자리를 정돈하다.
   hacer el equipaje · las maletas 짐 · 여행가방 꾸리다 / 싸다
   ① 먼저 이부자리를 정돈하고 나서 짐을 꾸려라.

2. hacer el favor + de + 동사원형 : "—해 주시다"
   ① 창문 좀 닫아 주시겠습니까.
   ② 이 서식을 채워 주시겠습니까.

3. hacer falta X : X가 필요하다
   (Me hace falta un sacapuntas. 나는 연필깎이가 필요하다.)
   ① 나는 손톱깎이가 하나 필요하다.
   ② 너는 영-영 사전이 한 권 필요하다.

4. hacer ruido 시끄럽게 하다; 소리를 내다
   ① 너희들 너무 시끄럽게 하지 말아라.
   ② 내 차에서 이상한 소리가 난다.(내 차가 이상한 소리를 낸다)

5. hacer caso 말에 따르다; 관심을 주다
   ① 너, 내 말 좀 들어라.
   ② 그건 신경 쓰지 말아라.

6. hacer daño 해를 끼치다; (음식이) 맞지 않다
   ① 태풍이 그 지역에 큰 피해를 입혔다.
   ② 날 생선은 내게 안 맞는다.

7. hacer (las) amistades, paces 사귀다; 화해하다
   ① 그녀는 쉽게 사람 사귄다.
   ② 우리는 싸웠지만, 나중에 화해했다.

8. hacer fiesta 일을 쉬다, hacer puente 연휴를 즐기다
   ① 교수님, 내일은 쉬는 날로 하는 게 어떻습니까?
   ② 사장님, 연휴를 즐기게 이번 금요일은 건너뛰죠.

9. hacer cola 줄을 서다
   ① 나도 줄을 서야지. 흠, 내가 줄에서 여섯 번째구나.

10. hacer el amor 애정 행위를 하다, 성관계를 갖다
    ① 사랑하지 않으면서 성관계를 갖는 것은 나쁘다.

참조 어휘

1. primero, y después
2. la ventana, llenar el formulario
3. el cortaúñas, el diccionario inglés-inglés
4. mucho ruido, un ruido extraño
5. de eso [de ello]
6. la tormenta / el taifún
7. con facilidad, reñir (reñimos), después
8. hacer puente para tener fiesta continua, el viernes
9. ser el sexto en la cola
10. sin estar enamorado

** 참고 **

3인칭 문장을 만드는 hacer의 용법은 이 책의 VIII. 무인칭(3인칭)문, 제2편 II. 9. ≪cuando & hace - que≫를 보기 바람.

속담

1. Marzo ventoso y abril lluvioso hacen a mayo hermoso.
2. La unión hace la fuerza.
3. El ejercicio hace al maestro.
4. Muchos pocos hacen un mucho.
5. Una golondrina no hace verano.
6. El que la hace la paga.

1. 바람 부는 3월과 비 오는 4월이 아름다운 5월을 만든다. 비 온 뒤에 땅이 굳어진다.
2. 뭉치면 산다. 백지장도 맞들면 낫다.
3. 연습이 명인을 만든다.
4. 티끌모아 태산
5. 한 마리의 제비가 여름을 오게 하지는 않는다. 속단하지 말라.
6. 자기가 한 대로 갚는다. 인과응보

5. ¿Quiere?

* <.querer

【예문 72】

맥주 하나 할래? 응, 그러지.
¿Quieres una cerveza? Sí, la quiero.
그녀는 하이로를 좋아하지? 응, 그래.
¿Quiere ella a Jairo? Sí, lo quiere.

Ejercicios 연습

1. 너는 셔츠 한 벌을 원하니? 응, 그거 원해.
2. 당신은 신문을 한 부 원하십니까? 네, 그걸 원합니다.
3. 고메스씨 부부는 차 두 대를 원합니까? 네, 그것들을 원합니다.
4. 당신은 하신따 양을 좋아합니까? 네, 그녀를 좋아합니다.
5. 마리오가 널 좋아하니? 아니, 날 좋아하지 않아.

참조 어휘

1. una camisa
2. un periódico
3. los Sres. Gómez
4. la Srta. Jacinta

【예문 73】

니는 무얼 원하니? 커피 한 잔 할래.
¿Qué quieres? Quiero un café.
너는 누구를 좋아하니? 아무도 안 좋아해.
¿A quién quieres? No quiero a nadie.

Ejercicios 연습

1. 너희들은 무얼 원하니? 아이스크림이요.
2. 당신은 디저트로 무엇을 원하십니까? 플란으로 하겠어요.
3. 여러분은 누구를 좋아합니까? 우리들은 부모님을 좋아합니다.
4. 너는 누구를 좋아하니? 나는 네가 좋다.

참조 어휘

1. helado
2. de postre, un flan
3. nuestros padres

【예문 74】

너는 무엇을 사고 싶니? 공을 사고 싶니?
¿Qué quieres comprar? ¿Quieres comprar una pelota?

Ejercicios 연습

1. 당신은 무엇을 원하십니까? 블라우스 한 벌을 사고 싶습니다.
2. 너는 무엇을 사고 싶니? 나는 자전거를 한 대 사고 싶다.
3. 너희들은 그것을 먹고 싶니? 응, 우리는 그것이 먹고 싶어.
4. 당신들은 스페인을 알고 싶습니까? 네, 알고 싶습니다.

참조 어휘

1. ¿Qué quería Ud.?(**공손한 말씨**), una blusa
2. una bicicleta
4. conocer España

【예문 75】

어떤 셔츠들을 원하십니까? 흰색으로 원합니다.

¿Cómo quiere Ud. las camisas? Las quiero blancas.

Ejercicios 연습

1. 어떤 넥타이들을 원하십니까? 붉은 색으로 원합니다.
2. 어떤 가구들을 원하십니까? 새것들로 원합니다.
3. 어떤 구두를 원하십니까? 굽이 높은 것으로 원합니다.
4. 어떤 여행가방들을 원하십니까? 밤색으로 된 것들을 원합니다.
5. 어떤 맥주들을 원하십니까? 아주 찬 것들로 원합니다.

참조 어휘

1. las corbatas
2. los muebles
3. de tacón alto
4. las maletas, marrones
5. las cervezas, bien frías

☑ querer의 동류 동사

어간 -e가 -ie로 변하는 동사들:

닫다 cerrar	시작하다 comenzar	잃다 perder
이해하다 entender	켜다·틀다 encender	지키다 defender
눈이 오다 nevar	부정하다 negar	생각하다 pensar
선호하다 preferir	느끼다 sentir, etc.	

예 : 문을 닫아라. Cierra la puerta.
내 말 이해하니? ¿Me entiendes?
시간을 허비하지 마라. No pierdas el tiempo.
나는 토요일에 늦잠을 즐긴다.
Los sábados prefiero dormir hasta tarde.

속담 & 명언

Dos cabezas piensan mejor que una.
두 사람의 생각은 한 사람보다 낫다. 백지장도 맞들면 낫다.
De la abundancia del corazón habla la boca.
마음에 품은 것을 얘기하기 마련이다. 취중진담.
Pienso, luego existo.
나는 생각한다. 고로 존재한다.(데카르트)

6. ¿Cuánto cuesta?

* <. costar

【예문 76】

현재형 : ¿cuánto cuesta / cuestan?
과거형 : ¿cuánto te costó / costaron?
미래형 : ¿cuánto costará / costarán?
가능법 : ¿cuánto costaría / costarían?

휘발유는 얼마 합니까? 리터 당 육 뻬소입니다.
¿Cuánto cuesta la gasolina? Cuesta seis pesos el litro.

Ejercicios 연습

1. 소고기는 얼마 합니까? 킬로에 오만 원입니다.
2. 올리브기름은 얼마 합니까? 반 리터에 칠 유로입니다.
3. 딸기는 얼마 합니까? 한 상자에 오십 뻬소입니다.
4. 시간 당 얼마 합니까? 시간 당 이백 뻬소입니다.
5. 사과는 얼마 합니까? 개 당 오십 센트입니다.

6. 네 아파트는 한 달에 얼마 드니? 한 달에 이천 뻬소 들어.
7. 당신은 라켓 사는데 얼마 들었습니까? 삼백 뻬소 들었습니다.
8. 선글라스 한 벌은 얼마나 할까? 삼만 원쯤 할 걸.
9. 저 여자 모피코트 얼마나 들었을까? 몇 백만 원은 들었을 걸.

참조 어휘

1. la carne de res, el quilo (kilo)
2. el aceite de oliva, medio litro
3. las fresas, la caja
4. por hora
5. las manzanas, cada una, céntimos
6. por mes
7. la raqueta
8. unas gafas de sol, (gafas oscuras, lentes de sol, lentes oscuros)
9. el abrigo de piel, millones de wones, por lo menos

☑ 값 물어보기

¿Cuánto cuesta / cuestan? 외에도, ¿Cuánto vale / valen?, ¿A cuánto está / están?, ¿A cómo se vende(n)?, ¿A qué precio? 등이 있다. 합계를 물을 때는 ¿Cuánto es / son?

☑ costar의 동류 동사

- **어간 -o가 -ue로 변하는 동사들**

돌아가다 volver	죽다 morir	비가 오다 llover
물다 morder	아프다 doler	찾아내다 encontrar
움직이다 mover	소리가 나다 sonar	할 수 있다 poder
날아가다 volar, etc.		

예 : 당신은 언제 고국으로 돌아가십니까? 다음 주에 돌아갑니다.
¿Cuándo vuelve Ud. a su país? Vuelvo la semana que viene.

속담

El que algo quiere, algo le cuesta.
무엇을 원하면 그 대가를 치르게 된다. 고생 끝에 낙이 온다.
Agua pasada no mueve molino.
흘러간 물은 방아를 돌릴 수 없다. 엎어진 물은 담을 수 없다.

7. ¿Para qué sirve?

* <. servir

[예문 77]

눈은 왜 있습니까? 사물을 보는데 쓰입니다.
¿Para qué sirven los ojos? Sirven para ver las cosas.
소는 무슨 쓸모가 있습니까? 우유를 주지요.
¿Para qué sirve la vaca? Da leche.

Ejercicios 연습

1. 지레는 무엇 하는 데 쓰입니까?
   무거운 물체를 운반하는 데 쓰입니다.
2. 이 도구는 어떤 데 쓰입니까?
   구멍을 뚫는 데 쓰입니다.
3. 쓴 오렌지들은 어떤 쓸모가 있습니까?
   설탕을 넣어 주스를 만드는 데 씁니다.
4. 고양이는 무엇에 소용이 됩니까?
   쥐를 잡습니다.
5. 암탉들은 어떤 쓸모가 있습니까?
   달걀을 낳습니다.

참조 어휘

1. la palanca, el objeto pesado, llevar
2. el instrumento, hacer agujeros
3. la naranja amarga, hacer jugo con azúcar
4. coger ratones
5. la gallina, poner huevos

☑ servir의 동류 동사

servir처럼 어간 -e가 -i로 변하는 동사들 :

요구하다 pedir	경쟁하다 competir	고르다 elegir
고치다 corregir	작별하다 despedir	막다 impedir
재다 medir	반복하다 repetir	따라가다 seguir
옷을 입다 vestir, etc.		

예: 너는 내게 얼마를 달라고 하는 거니? 단돈 만 원만.
¿Cuánto me pides? Te pido solamente diez mil wones.
너는 키가 얼마니? 160이야.
¿Cuánto mides? Mido un metro sesenta.

속담

Vísteme despacio, que estoy de prisa.
내가 바쁘니까 천천히 옷을 입혀다오. 급하면 돌아가라.

VII. ≪동사 + (전치사) + 동사원형≫

1. ≪동사 + 동사원형≫

【예문 78】 ***{ poder, deber }***

너는 도서관에서 말해도 되니? 너는 여기서 말하면 안 돼.
¿Puedes hablar en la biblioteca? No debes hablar aquí.
너는 이 돌 들 수 있니?
¿Puedes levantar esta piedra?

Ejercicios 연습

1. 내가 여기로 길을 건너도 되니?
   아니, 횡단보도로 건너야 돼.
2. 내가 버스에서 담배 피워도 되니?
   아니, 버스에서 담배 피우면 안 돼.
3. 내가 그것을 한 번 입어볼 수 있을까요?
   네, 물론이죠. 피팅룸들은 안쪽 오른쪽에 있습니다.
4. 우리가 오늘 오후에 영화관 가도 됩니까?
   아니, 너희들은 거기 가면 안 돼.

5. 그는 돈이 없어서 아무 것도 할 수 없었다.
6. 그들은 올 수 없을 것이요.

참조 어휘

1. cruzar la calle por aquí, el paso de peatones
2. fumar, el autobús
3. probar, por supuesto, los probadores, al fondo a la derecha
4. ir al cine, esta tarde
5. sin dinero

【예문 79】 *{ esperar, desear, querer }*

나는 시험을 잘 치길 기대한다.
Espero salir bien en el examen.
나는 스페인에 살았으면 하고 바란다.
Deseo vivir en España.
나는 다윗을 알고 싶다.
Quiero conocer a David.

Ejercicios 연습

1. 나는 내년에 오토바이를 한 대 갖게 되길 바라고 있다.
2. 당신은 무엇을 원하십니까? 셔츠를 한 벌 사고 싶습니다.
3. 당신은 스페인어를 마스터하고 싶습니까?

참조 어휘

1. esperar, la moto
2. desear, querer, la camisa
3. querer / desear, perfeccionar

** 주의 **

화자 외의 주어가 있으면 접속법을 써서 명사절을 만든다:

(Yo) espero que (tú) salgas bien en el examen.

【예문 80】 *{ saber, pensar }*

당신은 수영할 줄 아십니까? ¿Sabe Ud. nadar?
나는 헤엄칠 줄 모릅니다. No sé cómo nadar.
당신은 그것을 배울 생각입니까? ¿Piensa aprenderlo?

Ejercicios 연습

1. 당신은 컴퓨터를 다룰 줄 아십니까?
   네, 다양한 프로그램을 사용할 줄 압니다.
2. 너는 자전거 탈 줄 아니? 아니, 탈 줄 몰라.
3. 호세는 말 탈 줄 아니? 응. 말 탈 줄 알아.
4. 나는 내년에 멕시코에 갈까 생각 중이다.
5. 관리인은 올해 정년퇴직할까 생각하고 있다.

참조 어휘

1. manejar la computadora [el ordenador], varios programas
2. montar en bicicleta
3. montar a caballo
4. México
5. el conserje, jubilarse

【예문 81】 *{ preferir, decidir, intentar, procurar, lograr }*

너는 시골에 사는 것과 도시에 사는 것 중에 무엇이 더 좋겠니?
¿Qué prefieres, vivir en el campo o en la ciudad?
그녀는 그 제안을 받아들이기로 결정했다.
Ella decidió aceptar la propuesta.
그는 그 계약을 무효로 만들려고 시도했다.
Él intentó invalidar el contrato.
당신들은 각자의 직무에서 뛰어나도록 노력하시오.
Procuren Uds. sobresalir en su oficio.
나는 그것을 배우는 데 성공하였다.
Logré aprenderlo.

Ejercicios 연습

1. 그는 그것에 대해서는 차라리 말을 하지 않으려고 한다.
2. 우리는 그냥 집에 있고 싶습니다.
3. 그는 집을 떠나 도시에서 생존을 시도해보기로 결정했다.
4. 나는 제 시간에 도착하도록 노력해보겠습니다.
5. 나는 오늘 아침 차의 시동을 걸 수 없었다.

참조 어휘

1. no hablar de eso
2. quedarse en casa
3. irse de casa, sobrevivir
5. poner en marcha el coche

** 유사한 동사 **

resolver : La ONU resolvió condenar y sancionar a Pyongyang.
유엔은 평양을 규탄하고 제재하기로 결의했다.

conseguir : Ana consiguió llegar a tiempo.
아나는 제 시간에 도착할 수 있었다.

【예문 82】 *{ asegurar, proponer, soler, acostumbrar, evitar, sentir }*

후안은 나에게 자기 말을 지키겠노라고 약속했다.
Juan me aseguró cumplir con su palabra.
나는 그에게 해결책을 찾아보자고 제안했다.
Le propuse buscar la solución.
나는 곧잘 말을 타곤 했다.
Solía montar a caballo.
나는 습관적으로 물을 많이 마신다.
Acostumbro (a) beber mucha agua.
그녀들은 그 길로 지나가는 것을 삼갔다.
Ellas evitaban pasar por la calle.
너에게 이토록 귀찮게 해서 미안해.
Siento haberte causado tantas molestias.

Ejercicios 연습

1. 칠레 대통령은 광산업의 제반 조건을 개선하겠다고 약속했다.
2. 미국 대통령은 핵무기의 수효를 줄이자고 제안했다.
3. 나는 곧잘 관사를 빼먹는다.
4. 우리는 주말에 영화관에 가는 것이 습관이다.
5. 거북이 알을 소비하는 것을 삼갑시다.
6. 너에게 미리 알리지 못해서 미안해.

참조 어휘

1. el presidente, mejorar las condiciones de la minería
2. reducir la cantidad de las armas nucleares
3. omitir los artículos
4. ir al cine, los fines de semana
5. consumir los huevos de tortuga
6. no haberte avisado antes

** 유사한 동사 **

prometer : Papá promete estar siempre con nosotros.
아빠는 언제나 우리와 함께 계실 것을 약속하신다.

jurar : Ella juró decir la verdad.
그녀는 진실을 말하겠다고 선서했다.

【예문 83】 *{ hacer, mandar / permitir, dejar / impedir, prohibir / pedir }*

슬픈 영화는 나를 울린다. Me hacen llorar las películas tristes.
그는 나더러 입 다물라고 한다. Me manda callar.
그는 내가 외출하는 것을 허락한다. Me permite salir.
너, 내가 말하게 막지 마. Déjame hablar.
그는 내가 말하는 것을 막았다. Me impidió hablar.
나는 네가 외출하는 것을 금지한다. Te prohibo salir.
그는 내가 동행해 줄 것을 요청했다. Me pidió acompañarle.

Ejercicios 연습

1. 페르난도는 언제나 우리를 기다리게 한다.
2. 그는 나에게 즉각 오도록 명령했다.
3. 엄마는 내가 외출하는 것을 허락하셨다.
4. 아이들이 나를 잠자게 놔두질 않는다.
5. 그들은 내가 말하는 것을 막으려고 했다. [querer의 단순과거형]
6. 아버지는 내가 담배 피우는 것을 금하신다.
7. 나는 그에게 동행해 줄 것을 요청했다.

** 유사한 동사 **

ordenar : El Tribunal Supremo ordena volver a juzgar el caso.
대법원은 그 사건을 다시 심리하라고 명령한다.

exigir : Los secuestradores exigen invalidar la prohibición del burka.
인질범들은 부르카 금지를 무효로 하라고 요구한다.

[예문 84] *{ ver, oír, escuchar, sentir }*

나는 그가 그 집에서 나오는 것을 보았다.
Lo vi (a él) salir de la casa.

Ejercicios 연습

1. 너는 떼레사가 지나가는 걸 봤니?
   응, 그녀가 길을 건너가는 걸 봤어.
2. 나는 그녀가 노래하는 걸 들었다.
3. 나는 집이 흔들리는 게 느껴진다.

참조 어휘

1. pasar, cruzar　　3. temblar

☑ <재귀동사 + 동사원형>

1. proponerse

Me propongo ir a verlo. 나는 그를 만나러 갈 생각이다.
Me propongo determinar la causa. 이유를 밝혀볼 생각이다.
Pablo se propuso ir a Jerusalén. 빠블로는 예루살렘에 가려고 했다.

속담

Las paredes oyen. 낮말은 새가 듣고 밤말은 쥐가 듣는다.

2. ≪동사 + a + 동사원형≫

[예문 85] *{ salir, venir, subir, enviar, invitar } :* –하기 위해

그가 너를 마중하러 나갔어.
Salió a recibirte.
저는 당신을 경배하러 왔습니다.
Vengo a adorarte.
정상을 정복하러 올라가자.
Subamos a conquistar la cumbre.
선장은 그 섬을 정찰하러 그들을 보냈다.
El capitán los envió a explorar la isla.
너를 저녁 식사에 초대할게.
Te invito a cenar.

Ejercicios 연습

1. 나는 그를 마중하러 나갔다.
2. 저는 당신을 만나러 왔습니다.
3. 노래하러 무대에 올라가자.
4. 우리는 기계를 수리하라고 기사를 보냈습니다.
5. 여자 친구가 나를 집으로 저녁식사 초대를 했다.

참조 어휘

2. ver
3. el escenario
4. un ingeniero, reparar la máquina

【예문 86】 *{ aprender, enseñar, ayudar, obligar, instar, volver } :* –하는 것을

나는 다섯 살 때 읽기를 배웠다.
Aprendí a leer a los cinco años.
그녀는 내게 춤을 가르쳐주었다.
Ella me enseñó a bailar.
컴퓨터에 입력하는 것 좀 도와줄래?
¿Quieres ayudarme a pasarlo en la computadora?
나는 너에게 억지로 공부를 시키지는 않는다.
No te obligo a estudiar.
야권은 그 사건을 수사하라고 촉구하였다.
La oposición instó a investigar el caso.
그걸 다시 해 보시오.
Vuelva Ud. a hacerlo.

Ejercicios 연습

1. 너는 몇 살 때 피아노를 배웠니?
2. 나는 루이스에게 테니스를 가르쳐주었다.
3. 그녀는 내가 그 책을 번역하는 것을 도와주었다.
4. 부모님은 나에게 억지로 공부를 시키신다.
5. 유엔은 심각한 환경오염 문제에 대해 긴급한 조치를 취하라고 촉구했다.
6. 다시는 도박을 하지 않겠습니다.

참조 어휘

1. ¿a qué edad? tocar el piano 2. jugar al tenis 3. traducir un libro
5. la ONU(Organización de las Naciones Unidas), tomar medidas urgentes contra el grave problema para el medio ambiente
6. jugar

【예문 87】 *{ empezar, comenzar, echar(se) } :* –하기 (시작하다)

내 손자가 말을 하기 시작해요.
Mi nieto empieza a hablar.
내 손녀는 여덟 달 만에 걷기 시작했다오.
Mi nieta comenzó a andar a los ocho meses.
그녀는 울음을 터트렸다.
Ella (se) echó a llorar.

Ejercicios 연습

1. 그녀는 편지를 쓰기 시작했다.
2. 너는 언제 스페인어를 공부하기 시작했니?
3. 그는 갑자기 뛰기 시작했다.

참조 어휘

1. escribir (una carta)
2. estudiar español
3. correr

속담

Lo que mal empieza, mal acaba.

시작이 나쁘면 끝도 나쁘다. 첫 단추를 잘 끼워야 한다.

【예문 88】 *{ alcanzar, llegar }* : －하게 되다

그렇게 치료하였으나 끝내 그 병을 고칠 수는 없었다.

El remedio no alcanzó a curar la enfermedad.

한참 언쟁 끝에 마침내 그는 나에게 욕을 하기에 이르렀다.

Después de mucho discutir, llegó a decirme palabrotas.

Ejercicios 연습

1. 아나 마리아는 낙조를 볼 수 있었다.
2. 너는 결코 프랑스어를 잘 말하게 되진 못할 거야.

참조 어휘

1. Ana María, el ocaso
2. hablar bien francés

☑ <재귀동사 + a + 동사원형>

1. atreverse a :

    No se atreverán a venir.

    그들은 **감히** 오지 못할 것이다.

2. acostumbrarse a :

    Nos acostumbramos a hablar mal de otros.

    우리는 남을 험담하는 **습관**이 있다.

3. comprometerse a :

    Se comprometió a pagar.

    그는 지불하겠다고 **약속**했다.

4. decidirse a :

    Nos decidimos a gastar el dinero.

    우리는 그 돈을 쓰기로 **결정**했다.

5. echarse a :

    Se echó a llorar / reír.

    그는 갑자기 울기 / 웃기 **시작**했다.

6. negarse a :

    Él se negó a responder a las preguntas de los periodistas.

    그는 기자들의 질문에 답변을 **거부**했다.

7. limitarse a :

    La tuberculosis no se limita a propagarse en algunos países subdesarrollados.

    결핵은 일부 후진국에서만 퍼지는데 **그치지** 않는다.

8. ponerse a :

    Póngase a trabajar en seguida.

    즉시 일에 **착수**하시오.

3. ≪동사 + de + 동사원형≫

【예문 89】 *{ acabar, dejar, tratar, deber, dar }*

나는 방금 여행에서 돌아왔다.
Acabo de regresar de un viaje.
그는 결코 담배를 끊지 못할 것이다.
No dejará de fumar nunca.
당신은 담배를 끊으려고 노력합니까?
¿Ud. trata de no fumar?
그는 천재임에 틀림없다.
Debe de ser un genio.
그녀는 내게 마실 것을 주었다.
Ella me dio de beber.

Ejercicios 연습

1. 비행기는 방금 떠났다.
2. 나는 담배를 끊었습니다.
3. 나는 담배를 안 피우려고 애써 봤지만, 실패했다.
4. 그는 사기꾼임에 틀림없다.
5. 그들은 나에게 한 달간 먹을 것을 주었다.

참조 어휘

1. el avión
2. fumar
3. en vano, fracasar
4. el estafador,(embustero,tramposo)
5. dar de comer

**** 유사한 동사 ****

terminar :

Cuando terminó de hablar, se fue en seguida.
말을 마치자 그는 즉시 자리를 떴다.

parar :

¿A qué hora paró de llover? 몇 시에 비가 그쳤습니까?

☑ <재귀동사 + de + 동사원형>

1. abstenerse de :

El partido se abstuvo de votar sobre el tema.
그 당은 그 문제에 대한 투표에서 기권했다.
Absténgase de fumar. 흡연을 **삼가** 주십시오.

2. cansarse de :

No se cansen de bailar.
싫증내지 말고 춤을 추세요.

3. encargarse de :

Ella se encarga de desarrollar programas educativos.
그녀는 교육 프로그램을 개발하는 일을 **맡고** 있습니다.

4. ≪동사 + en + 동사원형≫

【예문 90】 ***{ tardar, insistir, consistir }***

나는 뭔가 새로운 것을 배우는 데 시간이 걸린다.
Tardo en aprender algo nuevo.
페르난도는 말을 하겠다고 고집했다.
Fernando insistió en hablar.
상업은 상품을 사고파는 것으로 이루어진다.
El comercio consiste en comprar y vender mercancías.

Ejercicios 연습

1. 편지들이 도착하는 데 일주일 이상 걸린다.
2. 늦게 돌아오지 마시오.
3. 그녀는 이혼하겠다고 고집했다.
4. 사랑은 서로 존중하고 이해함으로써 성립된다.

참조 어휘

1. más de 2. volver 3. divorciarse
4. el amor, respetarse y comprenderse mutuamente

** en이 필요한 기타 동사 **

persistir :

Pedro persistía en llamar. 뻬드로는 **계속해서** 문을 두드렸다.

perseverar :

Si persevera en cumplir mis leyes y normas, ...

나의 계명과 규례를 **힘써** 지키면, ...

convenir :

Ambas partes convinieron en estimular la cooperación en las siguientes áreas. 양측은 다음과 같은 분야에서 협력을 촉진하기로 **합의**했다.

fallar :

La sonda falló en encontrar a los mineros.

탐지기는 그 광부들을 찾는데 **실패**하였다.

vacilar :

Vacilé mucho en decirlo.

나는 그것을 말하는 데 많이 **주저**했다.

☑ <재귀동사 + en + 동사원형>

1. empeñarse en :

Se empeñó en ayudarme a lavar los platos.

그는 나를 도와 설거지를 하겠다고 **우겼다**.

2. complacerse en :

Papá se complace en bendecirnos. 아버지는 우리를 축복하시길 **기뻐하신다**.

3. esmerarse en :

Dorcas se esmeraba en hacer buenas obras.

도르까는 선행을 하는 일에 **최선**을 다하였다.

4. divertirse en :

Nos divertimos en bromear. 우리는 농담을 하며 **즐겼다**.

5. entretenerse en, con :

Me entretengo en leer novelas, con ver películas.

나는 소설을 읽고, 영화를 보면서 **즐기고** 있다.

5. ≪동사 + con + 동사원형≫

【예문 91】 *{ amenazar, soñar }*

테러범들은 다시 공격을 하겠다고 협박한다.
Los terroristas amenazan con atacar de nuevo.
그는 언제나 그런 여행을 하게 되길 꿈꾸고 있었다.
Siempre soñaba con hacer ese viaje.

Ejercicios 연습

1. 그들은 인터넷을 통해 비디오를 유포하겠다고 그녀를 협박했다.
2. 그는 자동차를 사게 되길 꿈꾼다.

참조 어휘

1. difundir un vídeo por internet 2. comprarse un coche [auto, carro]

6. ≪동사 + por / para + 동사원형≫

【예문 92】 *{ empezar, terminar, estar, ser }*

그는 우선 변명부터 했다. Empezó por disculparse.
그는 결국 아메리카로 떠났다. Terminó por irse a América.
배가 도착할 예정이다. El barco está por llegar.
팔려고 내놓은 것이다. Es para vender.

Ejercicios 연습

1. 그들은 우선 싸움부터 했다.
2. 결국 그녀는 흐느꼈다.
3. 비가 곧 올 것 같다.
4. 웃자고 한 말이야.

참조 어휘

1. reñir 2. sollozar 3. por llover(LA), para llover(Sp) 4. reir

☑ <재귀동사 + por + 동사원형>

1. esforzarse por :

Me esfuerzo por aprender la contabilidad.

나는 회계를 배우려고 **노력** 중이다.

2. preocuparse por :

¿Por qué el ser humano se preocupa tanto por ganar dinero a lo largo de su vida?

왜 사람은 일생 내내 그토록 돈을 벌려고 **안달**일까?

☑ 기타 <동사 + X + 동사원형>

1. <**동사** + **의문사** + **동사원형**>

¿Sabes cómo manejar este telecontrol? 이 리모컨을 어떻게 쓰는지 아니?
No sé cuándo salir. 내가 언제 나갈지 모르겠다.
¿Tienes dónde dormir? 자네 잘 곳은 있는가?
Ella nos enseñó por dónde ir. 그녀는 우리에게 어디로 가야 할지 가르쳐 주었다.
No supe cuánto dejar de propina. 팁으로 얼마를 놓아야 할지 몰랐다.

2. <**동사** + **목적어** / **보어** + que + **동사원형**>

¿Tienes algo que hacer? 할 일이 뭐 있는가?
No tengo nada que hacer. 아무 할 게 없어.
No hay exceso de peso que pagar. 요금을 낼 중량초과는 아니군요.

☑ <동사원형 + 동사>

동사원형이 명사 역할을 하는 것이다.

Ver es creer. 보는 것이 믿는 것이다.
Legalizar drogas no disminuye violencia.
마약을 합법화한다고 해서 폭력이 줄어드는 것은 아니다.

속담

1. A quien madruga, Dios le ayuda.
2. A grandes males, grandes remedios.
3. Cuando hay voluntad hay manera.
4. Donde hay voluntad hay camino.

1. 부지런한 사람은 신이 돕는다. 지성이면 감천.
2. 하늘이 무너져도 솟아날 구멍은 있다.
3. 뜻이 있으면 방법도 있다.
4. 뜻이 있는 곳에 길이 있다.

VIII. 무인칭(3인칭)문

1. ¿Qué tiempo hace hoy?

【예문 93】 { 날씨와 때 }

hacer : Hace buen / mal tiempo. 좋은 / 나쁜 날씨이다.
Hace mucho sol. 햇볕이 강하다.
Hace mucho viento. 바람이 많이 분다.
Hace calor / frío. 더운 / 추운 날씨이다.
haber : Hay luna. 달이 떴다.
Hay niebla. 안개가 꼈다.
llover : Llueve. 비가 온다. Llovió. 비가 왔다. Lloverá. 비 올 것이다.
nevar : Nieva. 눈이 온다. Ha nevado mucho. 눈이 많이 왔다.
relampaguear, tronar : Relampaguea. 번개가 친다. Truena. 천둥이 친다.
amanecer : Amanece temprano. 일찍 날이 밝는다.
anochecer : Anochece tarde. 늦게 어두워진다.
estar : Está nublado (el cielo). 구름이 껴 있다.
Está despejado (el cielo). 맑은 날씨이다.
ser : Es temprano.이르다. Es tarde. 늦었다.
hacerse : Se hace tarde. 늦는다. Se me hace tarde. 내가 늦겠다.

Ejercicios 연습

1. 오늘 날씨가 어떻습니까?
   좋은 날씨입니다. 햇볕이 좋습니다.
2. 어제 부산 날씨는 어땠습니까?
   어제는 날씨가 안 좋았습니다. 바람이 많이 불었습니다.
3. 날이 무척 덥다. 내일도 더울까?
4. 구름 낀 날씨이다. 그리고 춥다. 눈이 올 것 같다.
5. 비가 억수로 쏟아진다. 홍수가 나겠다.
6. 작년에는 비가 거의 안 왔다. 가뭄이 들었다.
7. 여름에는 날이 빨리 밝고 늦게 어두워진다.

참조 어휘

5. a cántaros, haber inundaciones 6. haber sequía, poco 7. en verano

속담

Escapé del trueno y di en el relámpago.
천둥 피하다 벼락에 맞았다. 혹 떼려다가 혹 더 붙였다.

2. ≪ser + 형용사 + 동사원형≫

【예문 94】

이별은 슬프다. Es triste despedirse.

Ejercicios 연습

1. 스페인어를 배우기는 쉽다 / 어렵다.
2. 영어를 공부하는 것은 중요하다.
3. 컴퓨터를 다룰 줄 아는 것은 유용하다.
4. 여러 나라를 알게 되는 것은 재미있다.
5. 적당한 음주는 좋은 것입니까?

6. 전문가가 되는 것이 필요하다.
7. 집에 돌아가 몸을 따뜻이 하는 것이 필요하다.
8. 흡연은 건강에 해롭다.
9. 중남미에서는 보통 낮잠을 잔다.
10. 시골에서 사는 것은 즐겁다.
11. 이 창문은 열 수가 없다.
12. 가난하면서도 행복한 것이 가능한가?

참조 어휘

1. fácil / difícil 2. importante
3. útil, saber manejar
4. interesante, conocer
5. bueno, beber de manera moderada
6. necesario, ser especialista
7. preciso, volver a casa y calentarse
8. nocivo, fumar, (para la salud)
9. común y corriente, dormir la siesta
10. agradable, el campo
11. imposible, la ventana
12. posible, ser pobre, feliz

【예문 95】 { 여러 시제 }

많이 아는 것이 필요할까? ¿Será necesario saber mucho?
그것을 단념하는 것이 가능했었나? ¿Era posible renunciarlo?
그것을 아는 것이 유용했다. Fue útil saberlo.

Ejercicios 연습

1. 볼링은 재미있을까?
2. 그 당시에는 영어를 공부하는 것이 그토록 중요했었나?
3. 수입허가를 얻기가 쉬웠습니까?

참조 어휘

1. jugar a los bolos 2. en aquel entonces 3. conseguir, el permiso de importación

속담

Es difícil para el hombre renunciar a sus viejos hábitos.
사람이 오래된 습관을 포기하기는 어렵다. 제 버릇 개 못 준다.
Es difícil penetrar en la verdad e intenciones del hombre.
열 길 물속은 알아도 한 길 사람 속은 모른다.

3. Dicen que es simpática.

【예문 96】 { 복수 3인칭문 }

사람들은 그녀가 싹싹하다고 말한다.
Dicen que ella es simpática.(= Se dice que ella es simpática.)
여기서는 무엇을 고칩니까?
¿Qué reparan aquí?
나는 가끔 지갑을 도둑맞았다.
A veces me han robado la cartera.

Ejercicios 연습

1. 사람들이 말하길 그는 유망한 사업가라고 한다.
2. 사람들이 이번 정부는 무능하다고들 한다.
3. 그는 위선자라고들 한다.
4. 중남미에서는 어떤 언어를 말합니까? 스페인어를 말합니다.
5. 저 가게에서는 무엇을 팝니까? 가전제품들을 팝니다.
6. 이 공장에서는 무엇을 만듭니까? 우리는 신발을 만듭니다.
7. 대한 극장에서는 어떤 영화를 상영합니까?
8. 미스터 김, 전화 왔습니다.
9. 누가 문을 두드린다.
10. 당신에게 우유가 일찍 배달됩니까?
11. 나는 그 작업을 하는 데 한 달의 기한을 받았다.
12. 어제 밤에 내 자동차가 털렸다.
13. 이번 주에 두 명의 어린이가 차에 치였다.

참조 어휘

1. un hombre de negocios prometedor
2. el gobierno, incompetente
3. el / la hipócrita
4. en Hispanoamérica, el idioma
5. la tienda, los (artículos) electrodomésticos
6. la fábrica, producir calzado
7. la película, poner [dar, echar, proyectar, exhibir, hacer], el cine / cinema
8. llamar (por teléfono)
9. llamar a la puerta
10. entregar
11. dar un mes de plazo para-
12. desvalijarme el auto
13. atropellar

4. ¿Cómo se dice?

[예문 97] { 불특정주어로서의 *se* +동사 단수 *3*인칭 }

'불'은 스페인어로 뭐라고 합니까? '푸에고'라고 합니다.

¿Cómo se dice 'bul' en castellano? Se dice 'fuego'.

Ejercicios 연습

1. '아이스크림'은 스페인어로 뭐라고 합니까?
   '엘라도'라고 합니다.
2. 스페인어는 재미있다고들 합니다.
3. 한국에서는 한국어를 하고 스페인에서는 스페인어를 말한다.
4. 저 식당은 음식 잘 한다(저 식당에 가면 잘 먹는다).
5. 그런 말하는 거 아니야.
6. 그런 짓하는 거 아니야.
7. 온 사방에서 네 얘기를 한다.
8. 레모네이드는 먹는 건가요? 아니요, 마시는 것입니다.
9. 풋과일을 먹으면 배가 아프다.
10. 불은 어떻게 피우지요?
11. 우리 시대엔 돈이면 만사형통이라고들 믿는다.
12. 먼저 번개가 보이고 다음에 천둥이 들린다.
13. 새들이 지저귀는 소리가 들린다.
14. 아이들한테는 반말을 한다.
15. 합격자들에게는 통지합니다.
16. 방 세놓습니다.

참조 어휘

1. helado
5. No se dice eso.
6. hacer
7. por todas partes, hablar de
8. la limonada
9. la fruta verde, duele <.doler el estómago
10. prender [encender]
11. en nuestros días, creer que Poderoso caballero es don Dinero
12. primero, después, el rayo, el trueno
13. oír cantar a los pájaros.
14. tutear
15. avisar,los aprobados
16. alquilar la habitación

【예문 98】

레모네이드는 어떻게 만드나?

¿Cómo se hace la limonada?

레몬즙에 물과 설탕을 넣어 만든다.

Con el jugo del limón, con agua y azúcar, se hace limonada.

Ejercicios 연습

1. 초콜릿은 어떻게 만듭니까? 카카오로 초콜릿을 만듭니다.
2. 버터는 어떻게 만듭니까? 크림으로 버터를 만듭니다.
3. 샐러드는 어떻게 만듭니까?
   상치에 기름, 식초, 그리고 약간의 소금을 넣어 만듭니다.
4. 빠에야는 어떻게 만드나?
   밥에다 해물들과 닭고기, 그리고 노란 색소를 넣어 만든다.

참조 어휘

1. el chocolate, el cacao
2. la mantequilla, la crema
3. la ensalada, la lechuga, el aceite, el vinagre, la sal
4. la paella, el arroz, los mariscos, el pollo, el azafrán

【예문 99】

쁘라도 박물관은 어디로 갑니까?

¿Por dónde se va al Museo del Prado?

저쪽으로 갑니다.

Se va por allá.

Ejercicios 연습

1. 시민회관은 어디로 갑니까?
   신호등을 지나 곧장 가십시오.
2. 시민 은행은 어디로 갑니까?
   첫 번째 네거리[로터리]에서 오른쪽으로 돌아가십시오.

참조 어휘

1. el auditorio municipal, el semáforo, ir derecho
2. el primer cruce[glorieta], dar la vuelta, girar, a la derecha

속담

Por todas partes se va a Roma.
모든 길은 로마로 통한다.

5. ¿Cómo se matan?

【예문 100】 { 불특정주어로서의 *se*+복수 *3*인칭형 }

모기들을 어떻게 잡습니까?
¿Cómo se matan los mosquitos?
살충제로 잡습니다.
Se matan con insecticida.

Ejercicios 연습

1. 액체로 된 것들은 마시고, 빵·생선 같은 고형물들은 먹는다.
2. 이 공장에서는 하루에 자동차를 천 대씩 만든다.
3. 견습공 구합니다.
4. 차 빌려드립니다.
5. 시끄러운 소리들이 계속 들렸다.
6. 집이 두 채 보인다. 어디? 나는 안 보인다.

참조 어휘

1. los líquidos, los sólidos
2. hacer[fabricar], por día
3. necesitar, aprendices
4. alquilar
5. muchos ruidos
6. No veo

【예문 101】 { 단수 3인칭문 }

* 인칭변화를 하는 동사들이 단수 3인칭으로만 쓰여지는 경우로서, 예문 (a)의 형식은 주로 제2편의 복문과 접속법에서 다루어질 것이며, (b)의 형식은 단문이므로 여기서 연습을 해 본다. 참고로, (a)와 (b)의 문장들은 목적격 인칭대명사를 넣으면 대체로 다음 장의 역구조문과 겹치게 된다.

(a) Importa que vengas pronto. 네가 빨리 오는 것이 필요해.
Cabe que venga más tarde. 그가 나중에라도 올 수 있을지 모른다.
Parece que va a llover. 비가 올 것 같다.

(b) Basta. Basta de quejas. 됐어. 불평은 그만 해.
Vale la pena (de) verlo. 그건 볼 만한 가치가 있다.
Cabe destacar la importancia de la industria.
산업의 중요성은 충분히 강조할 만하다.
Da lo mismo. 마찬가지야.
Da gusto verlo correr.
그가 달리는 것은 보기에 즐겁다.

Ejercicios 연습

1. 얘기는 그만하면 됐으니까 우리 일이나 합시다.
2. 그 영화는 굳이 볼 만한 가치가 없다.
3. 개발도상국 원조의 중요성은 충분히 강조할 만하다.
4. 그걸 네게 오늘 줄까, 내일 줄까? 마찬가지야.
5. 그녀가 춤추는 것은 보기에 즐겁다.

참조 어휘

1. conversación 3. de ayudar a los países en desarrollo 5. bailar

속담

A buen entendedor, pocas palabras bastan.
똑똑한 사람에겐 많은 말이 필요 없다.
De tal palo, tal astilla. 그 나무에 그 나무 부스러기. 부전자전.
Cada oveja con su pareja. 양은 각기 제 짝이 있다. 짚신도 짝이 있다.

IX. 역구조문

(* 우리말의 주어가 스페인어에서 목적격으로, 목적어가 주어로 바뀌는 문형으로서, 3인칭 문장임.)

1. ¿Te gusta el café?

[예문 102]

나는 꽃을 좋아한다. Me gusta la flor. Me gustan las flores.
너는 돈이 남는다. Te sobra el dinero.

Ejercicios 연습

*** 옆에 제시한 동사를 활용하시오.**

1. 내 남편은 생선을 좋아한다.	gustar
2. 나는 야채도 고기만큼 좋아한다.	
3. 당신들은 매운 음식을 좋아합니까?	
4. 당신은 감자를 어떻게 드시는 것이 좋습니까, 튀겨서요 아니면 삶아서요? 저는 삶은 것을 더 좋아합니다.	
5. 너는 봄과 가을 중에 어떤 게 더 좋니?	
6. 나는 아이들을 좋아한다.	
7. 나는 모짜르트를 무척 좋아한다.	encantar
8. 너는 그 소식이 기쁘지?	alegrar
9. 선물들이 네 마음에 드니?	agradar
10. 그녀들은 언어들에 흥미를 느낀다.	interesar
11. 당신은 어떤 프로그램에 더 흥미를 느끼십니까?	
12. 나는 점수에 상관하지 않는다.	importar
13. 너는 뻴라르가 마음에 들지 않니?	simpatizar
14. 그는 언제나 천둥에 놀란다.	asustar
15. 나는 배가 약간 아프다.	doler
16. 할아버지는 항상 머리가 아프시다.	
17. 나는 나사돌리개(드라이버)가 하나 필요하다	hacer falta
18. 어떻게 생각하십니까?	parecer

19. 너 무슨 일 있어? pasar
20. 잘 돼가나? ir

참조 어휘

1. marido
2. gustar las verduras tanto como la carne
3. picante [la comida picante]
4. ¿cómo le gustan a Ud. las patatas, fritas o cocidas? gustar más cocidas
5. ¿cuál? la primavera, el otoño
6. los niños
7. Mozart
8. la noticia
9. los regalos
10. los idiomas
11. ¿qué programa?
12. importar las notas
13. simpatizar, Pilar
14. el trueno
15. el estómago, un poco
16. el abuelo
17. un destornillador
18. ¿qué?
19. ¿qué?
20. ¿cómo?

2. ¿Te gusta bailar?

* 동사원형 bailar가 문법상 주어

[예문 103]

까르멘은 춤추기를 좋아한다.

A Carmen le gusta bailar.

Ejercicios 연습

1. 호세는 공부하기를 좋아한다. gustar
2. 나는 축구하기를 좋아한다.
3. 우리는 아이들과 놀기를 좋아한다.
4. 우리 부모님은 여행 다니는 걸 좋아하신다.
5. 네가 잘 있다는 것을 아니 기쁘다. alegrar
6. 너는 여기 있는 게 좋지 않아? agradar
7. 당신은 보신탕 먹기가 혐오스럽지 않습니까? repugnar
8. 나는 그 말을 하기가 괴롭습니다. doler
9. 자네는 그 차를 사는 게 좋아. convenir

10. 당신은 커피를 그렇게 많이 드시는 게 좋지 않습니다.
11. 그는 힘들이지 않고 사람 사귄다. costar muy poco
12. 제게 신문 한 부 사다 주시는 건 당신에게 성가시겠죠? 천만에요. molestar

참조 어휘

2. jugar (al) fútbol 4. hacer viajes 5. saber que -
7. el caldo de - 8. decirlo 10. tomar tanto café
12. molestaría, un ejemplar de periódico, de ningún modo

【예문 104】

나는 그걸 아는 게 필요하다. Me hace falta saberlo.
나는 그걸 말하기가 창피하다. Me da vergüenza / pena decirlo.
나는 그걸 말할 기분이 아냐. No me da la gana de decírtelo.
나는 그것 하기가 힘이 든다. Me cuesta trabajo hacerlo.
내게는 마찬가지야. Me da lo mismo.

Ejercicios 연습

1. 너는 그것을 배우는 것이 필요하다.
2. 나는 혼자 노래하기가 창피하다.
3. 나는 디스코텍에 갈 맘이 안 내켜.
4. 너는 그것 외우기가 힘이 드니?
5. 당신에게는 마찬가지이지요?

참조 어휘

3. la discoteca 4. memorizar

속담

El hombre propone y Dios dispone.
계획은 사람이 하나, 이루어지게 하는 것은 하나님이시다.

X. 재귀동사

1. ¿A qué hora te levantas?

【예문 105】 *{보통 용법 1 : 타동사 + se}*

나는 네시에 잠이 깨었다.

Me desperté a las cuatro.

Ejercicios 연습

1. 너는 몇 시에 자고, 몇 시에 일어나느냐?
2. 당신은 오늘 몇 시에 일어나셨습니까?
3. 너는 어제 몇 시에 잤니?
4. 식사 전에 손을 씻는 것이 좋다.
5. 나는 식사 후에 이를 닦는다.
6. 당신은 무엇으로 면도를 합니까?
   전기면도기로 합니다.
7. 나는 자기 전에 샤워를 합니다.
8. 너는 옷을 입고 나서 머리를 빗니?
9. 나는 눈 깜짝할 사이에 셔츠를 입고, 넥타이를 매고, 구두를 신고, 모자를 썼다.
10. 나도 눈 깜짝할 사이에 셔츠를 벗고, 넥타이를 풀고, 구두와 모자를 벗었다.

참조 어휘

1. acostarse, levantarse
4. lavarse las manos, antes de comer
5. lavarse los dientes, después de
6. afeitarse, ¿con qué?, la afeitadora eléctrica
7. ducharse
8. vestirse, peinarse
9. ponerse, en un instante(= en un abrir y cerrar los ojos)
10. quitarse, la camisa, la corbata, los zapatos, el sombrero

【예문 106】 { 재귀동사의 명령법 }

sentarse : 앉다	(tú) Siéntate. / No te sientes. (vosotros) Sentáos. / No os sentéis. (Ud.) Siéntese. / No se siente. (Uds.) Siéntense. / No se sienten.
lavarse las manos : 손을 씻다	(tú) Lávatelas. / No te las laves. (Ud.) Láveselas. / No se las lave.

Ejercicios 연습

1. 너 일어나라. / 손을 씻어라. / 이 구두를 신어라.
2. 이 넥타이를 매십시오. / 구두를 벗지 마시오. / 앉으세요.

☑ <동사 + 전치사 + 신체 목적어>

La cogí del brazo y la saqué al descansillo.
나는 그녀의 팔을 붙잡고 층계참으로 끌어냈다.
La conducía de la mano por el jardín.
그는 그녀의 손을 붙잡아 정원으로 인도하곤 했다.
Ella lo asió por la ropa. 그녀는 그의 옷을 붙잡았다.
Algunos le escupieron en el rostro.
몇몇은 그의 얼굴에 침을 뱉었다.
Nadie se atrevía a mirarlo a los ojos.
누구도 감히 그의 눈을 쳐다볼 수는 없었다.

【예문 107】 { 보통 용법 *2* : 타동사 + *se* }

소는 두 뿔로 자기를 지킨다.
La vaca se defiende con dos cuernos.

Ejercicios 연습

1. 오르끼데아가 자기소개를 하였다.
2. 그는 청소부로 변장을 하였다.
3. 여자들은 적어도 하루에 세 번은 거울을 본다.

4. 너 자신을 알라.
5. 아무데서나 발가벗지 마라, 얘야.
6. 나는 주말을 친구들과 즐겼다.
7. 가브리엘라의 아버지는 그녀를 펠리뻬에게 시집보내려 하지만, 그녀는 엔리께와 결혼하고 싶어 한다.
8. 감기에 안 걸리려면 몸을 따뜻이 해야 한다.
9. 그는 권총으로 자살했다.
10. 루까스는 의류 판매업에 종사한다.

참조 어휘

1. Orquídea, presentarse
2. disfrazarse de barrendero
3. mirarse en el espejo por lo menos
4. conocerse a ti mismo
5. desnudarse en cualquier sitio
6. divertirse, el fin de semana
7. casarse, Felipe, Enrique
8. calentarse para no coger resfriado
9. matarse, con una pistola
10. Lucas, dedicarse a la venta de prendas de vestir

2. ¿Cómo se llama Ud.?

[예문 108] *{특수 용법 1 : 타동사 + se}*

제 이름은 엔리께입니다. Me llamo Enrique.

Ejercicios 연습

1. 그 남자의 이름은 뭐니? 마르꼬스라고 해.
2. 네 이름은 뭐니? 에스메랄다라고 해.
3. 가르시아 마르께스의 이름은 뭐지? 가브리엘이야.
4. 마리오의 성은 뭐지? 바르가스 요사야.
5. 집으로 편지를 배달해 주는 사람을 뭐라고 하지? 우체부라고 해.
6. 앞을 못 보는 사람을 뭐라고 부르지? 시각장애인이라고 불러.
7. 들에 나무들이 많은 걸 뭐라고 하지? 숲이라고 하지.

참조 어휘

1. Marcos 2. Esmeralda 3. de nombre García Márquez 4. apellidarse, Vargas Llosa
5. la persona que entrega las cartas a domicilio, cartero 6. invidente (= ciego)
7. un grupo grande de árboles silvestres

【예문 109】 *{특수 용법 2 : 타동사 + se}*

오라씨오는 화를 냈다. Horacio se enfadó.

Ejercicios 연습

1. 사장은 걸핏하면 나한테 화를 낸다. enfadarse con
2. 우리는 날씨가 나쁘다고 화를 내어서는 안 된다. 순응을 해야 한다. conformarse
3. 나는 어제 팀장님과 면담을 했다. entrevistarse con
4. 그녀는 침을 맞고 나았다. mejorarse con
5. 소피아는 금목걸이로 만족하지 않는다. contentarse con
6. 내가 말하는 것을 잘 들어 봐. fijarse en
7. 나는 그것을 듣고 기뻤다. alegrarse de
8. 당신은 시간을 잘못 알고 있습니다. equivocarse de
9. 까밀로는 후아나를 사랑한다. enamorarse de
10. 루이스는 그녀와 이혼하기로 결심했다. divorciarse de
11. 그는 너에게 복수하려고 한다. vengarse de
12. 나는 그의 이름이 기억나지 않는다. acordarse de
13. 그건 잊어버려라. olvidarse de
14. 그들은 규범에 따르기를 거부하였다. negarse a
15. 너는 거짓말하는 버릇이 있다. acostumbrarse a
16. 나는 마음이 기쁘다 / 슬프다. sentirse
17. 우리의 결혼 날짜가 다가온다(우리는 결혼 날짜에 다가간다). acercarse a
18. 그들은 문으로 향했다. dirigirse a
19. 당신은 나를 놀리지 마시요. burlarse de
20. 헤수스는 머리를 깎으러 이발소에 / 미장원에 갔다. cortarse
21. 고야는 당대의 그림을 앞서고 있었다. adelantarse a

참조 어휘

1. el presidente, a menudo, por nada, conmigo
2. contra el mal tiempo
3. el jefe
4. la acupuntura
5. Sofía, la cadena de oro
6. lo que voy a decirte
7. oirlo
8. hora
9. Camilo, Juana
10. decidirse a
11. pensar + inf.
12. su nombre
13. eso
14. seguir las normas
15. decir mentiras
16. alegre / triste
17. la fecha de la boda
18. la puerta
19. mí
20. Jesús, el pelo, a la peluquería

【예문 110】 *{특수 용법 3 : 타동사 + se}*

린다는 배우가 되었다.

Linda se hizo [se ha hecho] actriz.

Ejercicios 연습

1. 훌리오는 가수가 되었다. 그리고 그는 부자가 되었다.
2. 마리오는 놀리기만 하면 미친다.
3. 나의 꿈들이 현실이 되었다.
4. 나의 꿈이 실현되었다.
5. 웃음이 눈물로 변했다.
6. 나는 옷을 갈아입겠다.
7. 포도주가 식초로 변했다.
8. 모든 것이 기쁨으로 변했다.
9. 오두막이 궁전으로 변했다.

참조 어휘

1. hacerse cantante, rico
2. burlado(= si alguien se burla de él), volverse loco
3. mis sueños se han hecho realidad
4. realizarse
5. la risa, cambiarse en llanto
6. cambiarse de vestido [ropa]
7. el vino, convertirse en vinagre
8. todo se convirtió
9. la casucha, transformarse en un palacio

【예문 111】 { 특수 용법 *4* : 타동사 + *se* }

식물은 뿌리와 줄기라는 두 주요 부분으로 구성된다.

La planta se compone de dos partes principales : la raíz y el tallo.

Ejercicios 연습

1. 위원회는 7인의 위원으로 구성되었다.
2. 한국은 1945년에 둘로 나누어졌다.
3. 성수 대교는 1994년에 무너졌다.
4. 흰 옷은 입으면 쉬 더러워진다.
5. 문이 열렸다.

참조 어휘

1. la comisión [el comité]
2. dividirse en dos países [naciones,Estados]
3. el Gran Puente de -, hundirse
4. ensuciarse, con el uso, pronto
5. Se abrió la puerta.

**** 주의! ****

위의 문장들은 재귀형 수동태와 혼동되기 쉬우나 자발성을 가진 재귀문으로 분류하는 것이 보통이다.

3. ¿Te vas?

【예문 112】 { 특수 용법 *5* : 자동사 + *se* }

시간이 늦었군. 나는 간다.

Es tarde. Me voy.

* **비교** : - Te llaman por teléfono. 너한테 전화 왔다.

- Voy. (네, 전화 받으러) 갑니다.

즉, ir는 어디를 향해 가는 것이고, irse는 어디로부터 떠나는 것이다.

Ejercicios 연습

1. 당신은 벌써 가십니까? 조금 더 계시지요.
2. 너는 가 봐라.
3. 기차는 벌써 출발하였다.
4. 그는 바로 잠들었다.
5. 어머니는 늙어서 돌아가셨다.
6. 엘레나는 부끄러워 죽는다.
7. 나 배고파 죽겠다.
8. 넌 거기 가만히 있어.
9. 거스름은 당신이 가지시요.
10. 타십시오 / 내리십시오.

참조 어휘

1. irse, quedarse un rato más
2. Vete.
3. marcharse, ya
4. dormirse pronto
5. morirse de vieja
6. de vergüenza
7. de hambre
8. quedarse quieto
9. quedarse con el cambio [la vuelta(Sp.), el vuelto(Am.)]
10. subirse / bajarse

4. ¿Se arrepiente?

【예문 113】 { 재귀동사로만 쓰이는 것 }

제 행실에 대해 반성합니다.

Me arrepiento de mi conducta.

Ejercicios 연습

1. 그녀는 그 보석들을 산 것을 후회하였다.
2. 로물로는 모든 것에 대해 불평을 한다.
3. 자살하는 사람은 천국에 가지 못한다.
4. 나는 아버지에게 감히 사실을 말하지 못하겠다.

5. 니꼴라스는 부자라고 으시대곤 하였다.
6. 그는 돼지처럼 굴었다.

참조 어휘

1. de haber comprado las joyas
2. quejarse de
3. Quien -, los Cielos, suicidarse
4. atreverse a
5. jactarse de
6. portarse (= comportarse) como un cochino

5. 재귀형 수동태

[예문 114] *{1. 재귀형 수동태}*

그 집은 두 달 전에 팔렸다.
Se vendió la casa hace dos meses.
(=La casa fue vendida hace 2 meses.)

Ejercicios 연습

1. 수박은 여름에 잘 팔린다.
2. 이번 주에 많은 비가 예상된다.
3. 고려인삼은 여러 나라에 수출된다.
4. 커피는 열대 국가들에서 재배된다.
5. 바나나들도 주로 열대 국가들에서 재배된다.
6. 『빠스꾸알 두아르떼의 가족』은 한국어로 번역되었다.
7. 최근에 암에 관한 중요한 연구들이 이루어졌다.
8. 2003년 한국과 칠레 간에 자유무역협정이 체결되었다.
9. 이 제품의 장점이 증명되었다.
10. 작년에 많은 범죄가 저질러졌다.
11. 그 다리는 내년에 건설될 것이다.
12. 다음 세미나에서는 빈곤이란 주제가 다루어질 것이다.

참조 어휘

1. las sandías
2. esperar, esta semana
3. exportar el Ginseng
4. cultivar en los países tropicales
5. los plátanos (=las bananas)
6. traducir al coreano
7. hacer importantes estudios sobre el cáncer, recientemente
8. firmar, el Acuerdo de Libre Comercio entre
9. demostrar la ventaja de este producto
10. cometer, crímenes
11. construir
12. tratar, el tema de la miseria en el próximo seminario\

【예문 115】 { *2.* 간접목적대명사 삽입형 } *수동태가 아니라는 견해도 많다.

내 구두가 떨어졌다.

Se me han roto los zapatos.

Se me rompieron los zapatos.

Ejercicios 연습

1. 나는 그 선생님 이름을 잊었다.(= 그 이름이 내게서 깜빡 잊혀졌다.)
2. 나는 다리미질하는 걸 깜빡 잊었다.
3. 그는 여권을 잃어버렸다.
4. 그는 일자리를 약속 받았다.
5. 그는 컵을 어쩌다 떨어뜨렸다.
6. 까딸리나는 한쪽 다리가 부러졌다.
7. 나는 발목을 삐었다.
8. 나는 술이 오릅니다.
9. 좋은 생각이 내게 떠올랐다.

참조 어휘

1. olvidar
2. olvidar planchar
3. perder el pasaporte
4. prometer una colocación
5. caer el vaso
6. romper una pierna
7. dislocar un tobillo
8. subir el licor a la cabeza
9. ocurrir una buena idea

6. 상호동사

[예문 116]

헤로니모와 마리솔은 서로 사랑한다.
Gerónimo y Marisol se aman uno a otro.
우리들은 서로 속인다.
Nos engañamos unos a otros [mutuamente / uno a otro].

Ejercicios 연습

1. 너희들은 서로 싸우지 마라.
2. 그들은 서로 괴롭히길 좋아한다.
3. 우리들은 서로 돕는다.
4. 그들은 서로 비웃는다.
5. 페르난도와 알레한드라는 서로의 욕을 한다.
6. 우리들은 서로 축하를 나누었다.
7. 그들은 서로에게 잘못했다(해를 끼쳤다).
8. 우리들은 서로 자주 내왕을 하곤 했다.
9. 당신들은 언제 서로를 알았습니까?
10. 우리들은 비행기에서 만나서 교제를 시작했습니다.
11. 지금 우리는 트위터를 통하여 통신을 합니다.
12. 우리는 서로 악수를 나누었다.

참조 어휘

1. (uno con / contra otro) No os peleéis.
2. (uno a otro; una a otra; uno a otra; el uno al otro; el uno a la otra; unos a otros), Les gusta molestarse.
4. reírse el uno del otro
5. Fernando, Alejandra, hablar mal (uno de otra; el uno de la otra)
6. felicitar
7. hacer mal (= hacer daño)
8. visitar
9. conocer
10. entablar amistades
11. comunicar, por Twitter
12. darse las manos

XI. 진행형과 현재분사

1. ¿Estás estudiando?

* 진행형은 ≪estar + -ndo≫의 형식을 취하며, 진행 중인 행위의 강조 혹은 특이한 행위를 나타내기 위한 것임.

【예문 117】 { 현재 }

나는 자전거를 한 대 사려고 돈을 모으고 있는 중이다.
Estoy juntando dinero para comprarme una bicicleta.

Ejercicios 연습

1. 까를로스는 학교에서 공부하고 있는 중입니다.
2. 물이 끓고 있다.
3. 비가 아주 세차게 오고 있다.
4. 로렌소는 자기 방에서 음악을 듣고 있는 중이야.
5. 모자 쓰는 게 유행을 타고 있는 중입니다.
6. 너 무엇하고 있는 거냐? 사진들을 찢고 있다니.
7. 내 말 듣고 있는 거냐? 그래, 네 말 듣고 있다.
8. 호르헤가 엉엉 울고 있다. 무슨 일이지?
9. 루이사는 여행 경비 마련한다고 슈퍼마켓에서 일하고 있다.

참조 어휘

2. hervir - hirviendo
3. muy fuerte
4. Lorenzo, escuchar la música
5. Llevar la gorra se está poniendo de moda.
6. romper
7. escuchar
8. Jorge
9. un supermercado, para preparar el gasto de viaje

【예문 118】 { 과거, 미래형 }

a. 나는 지난주까지 거기서 일하고 있었다.
Estuve trabajando allí hasta la semana pasada.

b. 나는 그가 찾아왔을 때 일하고 있었다.
Estaba trabajando cuando él me visitó.

c. 누가 이렇게 고함을 질러대고 있는 거지?
¿Quién estará gritando tanto?

Ejercicios 연습

a-1. 나는 오늘 아침에 어머니를 놀려댔었다.
2. 마떨다는 자기 이모가 알아차릴 때까지 내게 미소를 짓고 있었다.
3. 나는 작년에 사업상 여행을 많이 다녔다.

b-1. 너는 그때 로사 교수님을 기다리고 있던 중이었지?
2. 나는 신문을 읽고 있던 중이었다.
3. 당신들은 휴가를 보내고 있던 중이었습니까?

c-1. 부모님은 지금 어디 계실까? 방콕을 지나고 계실 걸.
2. 루이스는 무척 피곤할 거야. 지금쯤 강의실에서 졸고 있을 걸.
3. 도대체 누가 이 시간에 오는 걸까?

참조 어휘

a-1. me estuve burlando de
-2. me estuvo sonriendo hasta que su tía se dio cuenta
-3. hacer muchos viajes de negocios
b-3. pasar las vacaciones
c-1. pasar por Bangkok
-2. dormitarse
-3. llegar a esta hora

2. ¿Sigues estudiando?

【예문 119 & 연습】 { 현재분사의 우설법 }

1. ≪seguir / continuar + -ndo≫ : = estar todavía + -ndo
   Sigo buscando empleo. 나는 계속 직업을 찾고 있는 중이다.
   Edmundo me vio, pero continuó andando.
   에드문도는 나를 봤지만 계속 걸어갔다.
   Seguía llegando tarde a la oficina. 계속 출근을 늦게 하곤 했다.

   ① 비가 계속 오고 있다.
   ② 그는 계속 같은 회사에서 일하고 있다.
   ③ 이미 너무 늦은 시간이었어. 그래서 우리는 너를 계속 기다리지 못했어.
   ④ 정부는 계속해서 조직범죄와 싸울 것이며, 장기적으로 해결책을 찾아나갈 것이다.

   * en la misma empresa / ya era muy tarde / el gobierno, combatir el crimen organizado, buscar soluciones, a largo plazo

2. ≪llevar + -ndo≫ : = hacer + 시간
   Llevo un año viviendo aquí. (= Hace un año que vivo aquí.)
   나는 여기 일 년째 살고 있다.
   Llevaba un año viviendo allí.(=Hacía un año que vivía allí.)
   그 곳에서 일 년째 살고 있었다.

   ① 나는 스페인어를 2년째 공부하고 있다.
   ② 그는 그 곳에서 일한지 5년째 됐었다.

3. ≪ir + -ndo≫ : = poco a poco estar + -ndo
   Todos nos vamos haciendo viejos. 우리 모두 늙어 가고 있다.

   ① 날이 점점 어두워지고 있었다.
   ② 칠레의 경제 사정은 나날이 좋아지고 있다.

   * anochecer / la situación económica de Chile, mejorar, día a día

4. ≪venir + -ndo≫ : = desde hace -
   Venimos reclamando eso desde hace meses.
   우리는 몇 달 전부터 그것에 항의해 오고 있다.

   ① 나는 그의 행동을 지켜봐 오고 있다.
   ② 중남미에는 빈곤이 증가되어 왔다.

   * observar sus actos / la pobreza, aumentar, en América Latina

5. ≪andar + -ndo≫ : * ir에 경멸적 뉘앙스 첨가
Andas olvidándote de la llave. 너는 밤낮 열쇠를 잊고 다니는구나.
Ellos andan diciendo que ella mintió en su biografía.
그들은 그녀가 자서전에서 거짓말을 했다고 말하고 다닌다.

① 디에고는 언제나 모든 사람들을 괴롭히고 다닌다.
② 그는 온 사방으로 돌로레스에 대해 묻고 다녔다.
* molestar a todo el mundo / preguntar por Dolores, en todas partes

6. ≪quedarse + -ndo≫ : 부동 행위의 계속
Se quedó pensando. 그는 꼼짝 않고 생각에 빠져 있었다.

① 너는 텔레비전이나 보고 있거라!
② 그는 꼼짝 않고 그 잡지를 읽고 있었다.
* la televisión / la revista

3. Habla temblando.

【예문 120】 { 현재분사 구문의 기능과 의미 }

a. Hablaba temblando de miedo.
(**동시 행위**) 무서워 떨면서 말을 하고 있었다.
b. Tú siempre acabas enojándote con todo el mundo.
(**상태**) 너는 언제나 결국에는 모든 사람들에게 화를 낸다.
c. Cruzamos nadando el río.
(**수단**) 우리들은 헤엄을 쳐서 강을 건넜다.
d. Cantando se alegra el corazón.
(**조건**) 노래를 하면 마음이 즐거워진다.
e. El cordero dio voces pidiendo socorro.
(**목적**) 어린 양은 구원을 요청하는 소리를 질렀다.
f. ¿Se puede ser humilde siendo rico?
(**양보**) 부자이면서도 겸손할 수 있을까?
g. Corriendo mucho, pudo alcanzar el tren.
(**이유**) 열심히 뛰어서 그는 기차를 탈 수 있었다.
h. Yendo hacia tu casa, me encontré con Paco.
(**때**) 네 집으로 가다가 빠꼬를 만났어.

Ejercicios 연습

a-1. 그녀는 노래를 하면서 계단을 올라갔다.
2. 그들이 뛰어 오고 있다.
3. 그는 내게 미소 지으면서 인사를 하였다.
4. 스페인 사람들은 식사하면서 대화를 많이 한다.

b-1. 나는 너와 얘기하느라 시간을 허비하고 있다.
2. 너와 나는 언제나 싸움하는 것으로 끝난다.

c-1. 우리 뛰어서 학교에 가자.
2. 내가 없는 틈을 타서 그가 내 노트북을 훔쳐갔다.

d-1. 슬픈 노래를 들으면 우울해진다.
2. 당신은 택시를 타면 더 빨리 도착할 수 있었다.
3. 스페인어를 알면 의사소통을 하는데 큰 문제없이 중남미 어디든 여행을 할 수 있다.

e-1. 그들은 요리사를 구하는 광고를 냈다.
2. 나는 그 출판사에 도서목록을 요청하는 편지를 썼다.

f. 그는 부자면서도 인색하다.
g. 그녀는 발각될까 두려워서 다이아몬드를 입 안에 숨겼다.
h. 내가 해외에 있을 때 전쟁이 일어났다.

참조 어휘

a-1. subir la escalera
-3. saludar
-4. charlar
b-1. estoy perdiendo el tiempo
-2. acabar riñendo <.reñir
c-2. aprovechar mi ausencia, hurtar la computadora portátil
d-1. sentirse mal
-2. tomar el taxi, podía, más temprano
-3. viajar por toda Latinoamérica sin tener mayor problema de comunicación
e-1. poner un anuncio, solicitar un cocinero
-2. escribir a la editorial, pedir catálogo de sus libros
f. avaro
g. temer ser descubierta, ocultar el diamante en la boca
h. estar en el extranjero, estallar la guerra

XII. 수동태와 과거분사

1. ≪ser + 과거분사 + por≫

【예문 121】

용서하라, 그리하면 너희가 용서를 받을 것이다.
Perdonad y seréis perdonados.

Ejercicios 연습

1. 아메리카는 콜럼버스에 의해 15세기 말에 발견되었다.
2. 콜럼버스는 페르난도와 이사벨 양왕의 환대와 도움을 받았다.
3. 케네디는 1961년에 대통령에 당선되었다.
4. 그 대통령은 한 미치광이에 의해 암살되었다.
5. 한국 선박 한 척이 소말리아의 해적에 의해 4월에 납치되었다.
6. 그 선박은 몸값을 지불한 후 오늘 아침 석방되었다.
7. 칠레의 광부 33명이 69일 만에 구조되었다.
8. 알함브라 궁전은 아랍인들에 의해 건설되었다.
9. 그 소녀는 개에게 물렸다.
10. 그 파키스탄 여인은 신성모독 죄로 사형선고를 받았다.
11. 이 자동차는 대중에게 큰 환영을 받을 것입니다.
12. 이 마을의 꿀은 모든 사람들의 칭찬을 받는다.
13. 그 냉장고들은 한국에서 제조되었다.
14. 그는 오늘 퇴원할 수도 있다.

참조 어휘

1. América, descubrir, (Cristóbal) Colón, a finales del siglo XV
2. bien recibir, ayudar, los reyes Fernando e Isabel
3. Kennedy, elegir presidente
4. asesinar
5. el barco, capturar, los piratas somalíes
6. liberar, esta mañana, tras el pago de un rescate
7. los 33 mineros, rescatar, a los 69 días
8. el palacio Alhambra, construir, los árabes
9. morder, el perro
10. la señora paquistaní, condenar a muerte por blasfemia
11. ser muy bien acogido por el público
12. la miel de este lugar, apreciar
13. el refrigerador, fabricar
14. ser dado de alta

2. ≪estar, quedar 등＋과거분사≫

【예문 122】

a. La puerta *está* cerrada / abierta. 그 문은 닫혀 / 열려 있다.
   Ellos *están* sentados / dormidos. 그들은 앉아 / 자고 있다.
b. La cuestión *queda* resuelta. 그 문제는 해결이 되어 있다.
c. *Llegaron* medio muertos. 그들은 초주검이 되어 돌아왔다.
d. *Viene* satisfecho. 그는 만족한 얼굴로 온다.
e. Ellos *andan* desanimados. 그들은 힘없이 다닌다.
f. Mi papá *salió* de casa, enojado. 아빠는 화가 나 나가셨다.
g. Mi papá *sigue* enfadado. 아빠는 여전히 화나 계신다.
h. La juventud actual *va* vestida a veces de una manera original.
   요즘 젊은이들은 이따금 독특한 옷차림을 하고 다닌다.
i. ¿Por qué *regresáis* tan decaídas? 왜 너희들은 그렇게 풀이 죽어 오니?

Ejercicios 연습

a-1. 이 서류들은 아랍어로 쓰여 있다.
  2. 이 양복은 몹시 낡았다.

b-1. 그 소식에 우리는 아연실색했다.
  2. 그 집은 허물어져 있었다.

c. 그들은 심하게 부상을 입고 도착했다.
d. 그녀들은 녹초가 되어 오고 있다.
e. 그는 근심에 잠겨 다닌다.
f. 그 이웃사람은 항상 개를 데리고 외출한다.
g. 우리는 그 일로 해서 여전히 마음이 상해 있다.
h. 너는 길을 잘못 들어 있다.
i. 뽈라는 뉘우치며 돌아왔고 라울은 그녀를 용서했다.

참조 어휘

a-1. los documentos, en árabe
-2. el traje, gastar
b-1. aturdir por la noticia
-2. arruinar
c. gravemente herir
d. rendir
e. preocupar
f. acompañar de su perro
g. ofender por lo que pasó
h. desviar
i. Pola, Raúl, arrepentir

** 참고 **

과거분사 대신 형용사가 주격 보어가 되는 예도 흔하다.

Su casa quedaba *vacía.* 그의 집은 비어 있었다.
Los esfuerzos resultaron *vanos.* 그의 노력들은 허사가 되었다.

3. ≪명사 + 과거분사≫

[예문 123] { 과거분사의 형용사화 }

el hijo pródigo *arrepentido* 회개한 탕아
las hojas *caídas* 낙엽들
la actriz *amada de todos* 모두에게 사랑받는 여배우
las canciones *pasadas de moda* 흘러간 유행가들
un producto *hecho en España* 스페인제 제품
la gente *muy mal educada* 아주 버릇없는 사람들
un bebé *recién nacido*; 갓난아이
una mujer *recién casada*; la recién casada 신부
una carta *bien escrita* 잘 쓴 편지
una casa *medio arruinada* 허물어져 가는 집
un mundo *para él desconocido* 그에게는 미지의 세계
el *llamado* nuevo arte 소위 신예술
un pueblo *llamado Macondo* 마꼰도라고 부르는 마을
dichos monasterios 앞에 말한 수도원들
el socialismo *propiamente dicho* 엄밀한 의미의 사회주의

Ejercicios 연습

* **진하게 쓴 부분을 옆에 있는 동사로 표현해 보시오.**

1. 콜럼버스는 그 당시까지 **알려지지 않았던** 두 대륙의 대부분을 스페인에 안겨 주었다. desconocer
2. 이것이 젊은 사람들에게 많이 **읽히는** 책입니다. leer
3. 이미 **지나간** 것들은 얘기하지 말아라. pasar
4. **소위** 신세대는 개성을 무척 중요시한다. llamar
5. 그렇게 잘 **쓴** 편지는 평생 본 적이 없다. escribir

참조 어휘

1. Colón, dar, gran parte de dos continentes 2. la gente joven
3. No digas las cosas, ya
4. nueva generación, dar importancia a la individualidad
5. En mi vida, tan bien

4. ≪동사 + 과거분사 + 목적어≫

【예문 124】 { 목적격 보어가 되는 과거분사 *(1)* } : ≪ ***tener*** **+** ***p.p.*** **+** ***O*** ≫

나는 편지 한 / 두 통을 써 놓았다.

Tengo escrita una carta.

Tengo escritas dos cartas. (cf. He escrito una / dos cartas.)

Ejercicios 연습

*** 옆에 제시된 동사를 과거분사형으로 만드시오.**

1. 나는 미리 유언장을 써놓았다. escribir
2. 나는 9장(capítulos)을 번역해 놓았다. hacer
3. 너는 그 개를 묶어 두었니? atar
4. 당신은 아파트 한 채를 세 얻어 놓았습니까? alquilar
5. 우리들은 그 상황을 잘 분석해 놓고 있습니다. analizar
6. 여보, 두 시에 내게 식사를 준비해 주구려. preparar
7. 내가 목욕할 수 있게 준비를 해 주세요. preparar

참조 어휘

1. el testamento, de antemano 4. el apartamento, el piso
5. bien analizado 6. a las dos, la comida
7. el baño, téngame

【예문 125】 { 목적격 보어가 되는 과거분사 *(2)* }

나는 불을 켜 둔 채 나왔다.

Al salir *dejé* encendidas las luces.

내 동생이 바닥에 쓰러진 것을 보았다.

Vi a mi hermano caído en el suelo.

Ejercicios 연습

*** 옆에 제시된 동사 중 둘째 것은 과거분사로 바꾸시오.**

1. 창문들을 열린 채로 둘까요? dejar / abrir
2. 그는 개를 풀어놓아 두었다. dejar / soltar
3. 네가 어디 가는지 말해 두어라. dejar / decir
4. 내가 보니 그녀의 좌석을 어떤 외국인이 차지하고 있었다. hallar [encontrar, ver] / ocupar
5. 나는 후안이 소파에 잠들어 있는 것을 보았다. / dormir
6. 우리는 대략 스무 쪽을 써 놓고 있다. llevar / escribir
7. 그들은 모두 코트를 입고 있다. llevar / poner

참조 어휘

3. dónde vas
4. el asiento
5. el sofá
6. más o menos
7. todos, el abrigo

☑ 목적격 보어가 되는 형용사

주격 보어의 경우와 마찬가지로 과거분사 대신에 형용사가 목적격 보어가 되는 경우도 많다.

예: Le creía ignorante. 나는 그가 무식하다고 믿었었다.
La (= habitación) quiero más grande. 더 큰 방으로 원합니다.
La gran nevada hizo intransitable el camino.
폭설로 길이 막혔다.(폭설이 길을 통행할 수 없게 만들었다.)
Ella me hará feliz. 그녀가 나를 행복하게 해 줄 것이다.
Sus sacrificios han hecho posible nuestra prosperidad.
그분들의 희생이 우리의 번영을 가능하게 하였다.
¿Qué factores hicieron difícil la conquista?
어떤 요인들이 정복을 어렵게 하였습니까?
Hoy te noto un poco triste. 오늘 너는 좀 슬퍼 보인다.
Tiene a su madre enferma. 그의 어머니는 편찮으신 상태이다.
Querido, aquí me tienes desesperada.
님이여, 나는 여기 절망 상태에 빠져있어요.

5. Dicho esto, siguió adelante.

【예문 126】 { 과거분사 구문의 기능과 의미 }

a. 이렇게 말한 다음에, 그는 길을 계속 갔다.
(때) Dicho esto, siguió adelante.

b. 전쟁이 선포되었기 때문에 통신은 불안전했다.
(이유) Declarada la guerra, las comunicaciones eran inseguras.

c. 서둘러 씌어졌긴 했지만 그 책에는 아무런 실수도 없다.
(양보) Escrito de prisa, el libro no tiene ninguna falta.

d. 일단 형벌이 과해지면 바꾸기 어렵다.
(조건) Una vez impuesta la pena, es difícil modificarla.

e. 바다는 파도가 일어서 우레 같은 소리를 내고 있었다.
(상태) El mar, agitado, producía el ruido de una serie de truenos.

Ejercicios 연습

a. 밤이 되자 나는 추워서 갑판을 떠났다.
b. 아무도 그를 쫓아오지 않는 것을 보았기 때문에 그는 쉬려고 멈추었다.
c. 잉크는 세월 때문에 색이 바라기는 했지만 지워지지 않아서 쉽게 읽을 수 있다.
d. 에어컨을 사면 쾌적한 여름을 보낼 수 있을 것이다.
e. 그 집은 모든 문과 창이 닫혀 있어서 빈집 같았다.

참조 어휘

a. entrar la noche, abandonar la cubierta, por frío
b. ver, perseguir, detenerse para descansar
c. la tinta, descolorir por el tiempo, borrarse, permitir una lectura fácil
d. comprar un aireacondicionador, tener un verano agradable
e. cerrar, puertas y ventanas, parecer abandonada

제 2 편

복문과 접속법

I. 열거문과 병렬문 : 직설법

1. 열거문 : 접속사 없음

【예문 127】

나는 항상 똑같은 일을 한다. 일어나서, 아침 먹고, 직장에 가고, ...

Hago siempre lo mismo, me levanto, desayuno, voy al trabajo, etc.

Ejercicios 연습

1. 나는 언제나 똑같은 일을 한다. 학교 가고, 공부하고, 집에 오고, 공부하고,..
2. 그는 뛰고, 달리고, 소리 지르고, 노래하고, 춤추는 등등을 좋아한다.
3. 오늘 아침에 내가 무엇을 했냐고요? 일어나서, 세수하고, 옷 입고, 아침 먹고,..

참조 어휘

2. gustar, saltar　　3. lavarse las manos y la cara

☑ Y

열거를 할 때 접속사 y는 마지막 것 앞에만 붙이는 것이 원칙이나, 강조하기 위해 각각의 앞에 다 붙여 병렬문을 만들 수도 있다.

예 : El hombre de carne y hueso, el que nace, sufre y muere, -sobre todo muere-, el que come, y bebe, y juega, y duerme, y piensa, y quiere. - *Del sentimiento trágico de la vida* de Miguel de Unamuno

(피와 살을 가진 인간은 태어나 고생하다 죽는다, 아아 죽는다. 그는 먹고, 또한 마시고, 또한 놀고, 또한 잠자고, 또한 생각하고, 또한 욕구하는 존재이다. - 미겔 데 우나무노의 『생의 비극적 감정에 대하여』 중에서)

2. 병렬문과 접속사들

【예문 128】 *{y}*

서둘러라, 그러면 기차를 탈 것이다.

Date prisa y tomarás el tren. (=Si te das prisa, tomarás - .)

Ejercicios 연습

1. 네시에 와라, 그러면 이사벨을 보게 될 것이다.
2. 택시를 타십시오, 그러면 제때에 도착할 것입니다.
3. 늦게 자지 마라, 그러면 일찍 일어날 수 있을 것이다.
4. 일을 해라, 그러면 돈을 벌 것이다.

【예문 129】 *{o}*

뛰어라, 안 그러면 기차를 놓칠 것이다.

Corre o perderás el tren. (=Si no corres, perderás - .)

Ejercicios 연습

1. 일어나라, 아니면 너는 늦을 것이다.
2. 당신은 쉬십시오, 아니면 병이 날 것입니다.
3. 여러분은 일을 하시요, 아니면 해고를 하겠소.

참조 어휘

1. levantarse, llegar 2. descansar, ponerse enfermo 3. despedir

** <o - o> **

O vienes o te quedas. 네가 오든지 남든지.

O no lo sabe o no lo quiere discutir.

혹은 그걸 몰라서, 혹은 그걸 따지기 싫어서일 것이다.

* ya - ya, bien - bien도 같은 뜻이며, parte - parte는 "일부는 ~이고, 일부는 ~이다"를 나타낸다.

예: En parte me alegro y en parte lo siento.
한편으로는 기쁘고 한편으로는 유감스럽다.

【예문 130】 *{ pero }*

네 책은 새것이지만, 내 것은 중고 책이다.
Tu libro es nuevo, pero el mío es de segunda mano.

Ejercicios 연습

1. 네 지갑은 새 것이지만, 내 것은 헌 것이다.
2. 내 가방들은 가볍지만, 당신의 것들은 무겁다.
3. 나는 커피를 좋아하지만, 지금은 싫다.

참조 어휘

1. la cartera　　2. la maleta　　3. gustar, querer

【예문 131】 *{ ni – ni }*

그녀는 내게 말도 안 걸고 인사도 안 한다.
Ella no / ni me habla ni me saluda.

Ejercicios 연습

1. 그는 생각하지도 않고 행동하지도 않는다.
2. 나는 담배를 피우지도 술을 마시지도 않는다.
3. 너는 지금껏 아무 것도 잃지 않았고 앞으로도 아무 것도 잃지 않을 거다.

참조 어휘

3. hasta ahora, en adelante

【예문 132】 *{ no – sino que}*

그들은 일한 것이 아니라 오후 내내 놀았다.
No trabajaron sino que jugaron toda la tarde.

Ejercicios 연습

1. 당신은 그것을 아는 게 아니라 아는 체하는 것이요.
2. 너는 어제 밤에 공부한 것이 아니라 자 버렸다.
3. 그들은 돈을 저축하는 것이 아니라 다 써버린다.
4. 그걸 하는 게 나는 귀찮은 것이 아니라 오히려 좋다.

참조 어휘

1. aparentar(saber)lo 3. ahorrar, gastar 4. molestar, hacerlo, más bien, agradar

【예문 133】 *{ no solo – sino (también) }*

한국은 수출을 많이 할 뿐만 아니라 수입도 상당히 한다.
Corea no solo exporta mucho, sino también importa bastante.

Ejercicios 연습

1. 그는 말을 잘 할 뿐만 아니라 글도 잘 쓴다.
2. 빠끼따는 노래를 잘 할 뿐만 아니라 춤도 잘 추곤 했었다.
3. 알레한드로는 돈을 많이 벌 뿐만 아니라 쓰기도 많이 쓴다.

참조 어휘

2. Paquita 3. Alejandro, ganar, gastar

☑ 접속사의 기능(보충)

상기 접속사들은 위와 같이 절을 연결시킬 뿐만 아니라, 낱말이나 구를 연결시켜 주기도 한다.

예 : Estudio la matemática y la física.
나는 수학과 물리를 공부한다.
¿Cómo le gusta a Ud. más la lechuga, sola o en ensalada?
상치를 어떻게 하는 것이 더 좋습니까, 그냥이요 아니면 샐러드로요?
La enfermedad no solo influye en el cuerpo sino en el carácter.
질병은 신체뿐만 아니라 성격에도 영향을 미친다.
No vino él sino su hermano.
그가 오지 않고 그의 동생이 왔다.
He comprado un coche pequeño pero potente.
작지만 강력한 차를 샀다.
No voy a visitarle, en parte por pereza y en parte por falta de tiempo.
한편으로는 게을러서, 또 한편으로는 시간이 없어서 그를 찾아가지 않으련다.

[예문 134] *{ mientras / mientras que }* 동안에 / 반면에

네가 노는 동안에, 후안은 공부한다.
Mientras tú te diviertes, Juan estudia.
후안은 공부하는데, 반면에 너는 쓸모 있는 일은 아무 것도 안하는구나.
Juan estudia, mientras que tú no haces nada de provecho.

Ejercicios 연습

1. 내가 옷을 입는 동안에, 너는 차를 빼라.
2. 이사벨은 일을 하는데, 반면에 뻬드로는 시간만 축낸다.

참조 어휘

1. vestirse, sacar el coche   2. perder tiempo

♠ Chiste : El joven escritor

- ¿De qué vive aquel joven?
- Escribe.
- ¿Y qué escribe?
- Muchas cartas... a su padre.

(조크 : 글쟁이 청년 -
"저 젊은인 뭐하고 사는가?"
"글 써."
"무슨 글을 쓰는데?"
"술한 편지라네... 아버지한테 보내는.")

II. 종속문이 부사절인 경우

1. 원인 및 결과 : 직설법

【예문 135 & 연습】 *{ porque 류 }*

1. porque : No me marcho porque llueve. 비가 오니 난 안 간다.
   ① 햇빛이 많이 들어오니 블라인드를 내려라.
   ② 바쁘니까 나는 택시를 타야겠다.
   * 1. bajar la persiana / 2. tener prisa

2. pues : Nunca sacará el título de médico, pues apenas estudia.
   공부라고는 거의 하지 않으니, 그가 의사 자격증을 딸리가 없다.
   ① 나 자신도 모르고 있었으니, 내가 그걸 말할 수는 없었다.
   * poder decirlo, yo mismo

3. puesto que : No hace falta que yo te lo diga, puesto que ya lo sabes.
   네가 이미 알고 있는 이상, 내가 너에게 그걸 말할 필요가 없다.
   ① 너 이제 담배 안 피우니, 나한테 네 라이터를 주렴.
   * el encendedor

4. ya que : Ya que estás aquí, ayúdame a traducir este párrafo.
   자네가 이왕 여기 있으니, 이 글 번역을 도와주게.
   ① 네가 고집을 하니 네 선물을 받겠다.
   * empeñarse, aceptar

5. como : Como no llamabas por teléfono, decidí irme sola.
   네가 전화를 하지 않길래 나 혼자 가기로 작정했지.
   ① 오늘은 일요일이니까 투우장에 가야겠다.
   * ir a los toros

【예문 136 & 연습】 *{ de modo que 류 }*

1. de modo que, de manera que, de suerte que :

Me lo explicó bien, de modo que lo entendí.
그가 설명을 잘 해주었기에 나는 그것을 이해했다.
Te advertí a tiempo, de manera que no puedes echarme a mí la culpa.
네게 제때에 주의를 준 만큼 내 탓을 할 수는 없다.
Te hemos tratado como a los demás, de suerte que por qué quejarte.
너를 다른 사람들과 마찬가지로 대한 만큼 네가 불평할 이유가 없다.

① 라이문도는 열심히 공부했기에 시험에 합격했다.
② 나는 차를 천천히 몰았기에 사고가 없었다.
③ 네가 원해서 왔으니만큼 너는 불평할 권리가 없다.
* 1. Raimundo, con ahinco, aprobar el examen
2. manejar despacio, accidente
3. no tener derecho a quejarte

2. así que / por eso / por tanto / conque / por consiguiente :

Siempre dices tonterías, así que no te hago caso.
네가 언제나 바보 같은 소리만 하니, 그래서 네게 신경 안 쓰는 거야.
Teníamos prisa, por eso cogimos un taxi.
우리는 바빴고 그래서 택시를 탔다.
Él no estuvo aquí, conque no puede saberlo.
그는 여기에 없었고, 그러니까 그걸 알 리가 없다.

① 우리는 그 주제에 대해 모르고, 그런 만큼 의견을 말하지 않겠습니다.
② 그는 미국에서 이십 년을 살아왔고, 그런 만큼 영어를 완벽하게 말한다.
③ 네가 빠꼬보다 우월하니, 그런 만큼 그를 시기할 필요는 없다.
* 1. no entender de ese tema, opinar 2. los Estados Unidos, perfectamente
3. ser superior a -, envidiar

3. tal - que / tan - que / tanto que / tanto(-as) - que :

Hacía tal calor que no pudimos dormir.
어찌나 더웠던지 우리는 잠을 잘 수가 없었다.
Las hormigas son tan pequeñas que las pisamos sin darnos cuenta.
개미는 어찌나 작은지 우리는 알지도 못하는 가운데 그들을 밟는다.
Hablé tanto que me enronquecí.
어찌나 말을 많이 했던지 목이 쉬었다.
Había tanta gente que no pudimos entrar.
사람이 어찌나 많았던지 들어갈 수가 없었다.

① 어찌나 피로가 심했던지 우리는 호텔에 들어가기로 결정했다.
② 공기가 어찌나 오염되어 있는지 숨쉬기조차 어렵다.
③ 그녀의 애인은 어찌나 질투가 심한지 그녀가 다른 남자와 얘기하는 것을 허락하지 않았다.
④ 너무 비가 와서 옷들이 마르질 않는다.
⑤ 그는 어찌나 먹어대는지 100kg이나 나간다.
⑥ 한국 팀이 어찌나 경기를 잘 했던지 2002월드컵에서 4강에 올랐다.
⑦ 나는 어찌나 겁이 났던지 움직일 수가 없었다.

* 1. era tal la fatiga, que - . meternos en
2. estar tan contaminado que ni siquiera se puede respirar
3. tan celoso que, dejar charlar con otro hombre
4. llover tanto que, secarse
5. comer tanto que pesar .. kilos
6. el equipo, jugar tan excelente que llegó a los cuartos de final del Mundial 2002
7. tener miedo, moverse

☑ de tal modo que, de tal manera que = tanto que

예: Llovía de tal modo que no nos atrevimos a salir de casa.
비가 어찌나 퍼붓던지 우리는 집 밖으로 나갈 엄두를 못 내었다.

☑ 이유·필요 부정 → 접속법

원인이나 결과를 나타내는 종속절에서 직설법을 쓰지만, 이유나 필요조건을 주절에서 부정할 때는 접속법을 사용한다:

No te lo digo porque *quiera* molestarte.
너를 괴롭히고 싶어서 그 말을 하는 것은 아니야.
(cf. No te lo digo, porque no quiero molestarte.
너를 괴롭히고 싶지 않아서 그 말은 하지 않는다.)
Yo no sé tantos vocablos como para que no *necesite* un diccionario.
나는 사전이 필요 없을 정도로 많은 어휘를 알고 있진 못하다.
No es tan rico como para que no *necesite* un empleo.
그는 직업이 필요 없을 만큼 부자는 아니다.

☑ ≪lo + 형용사·부사 + que≫ "얼마나 ~한지"

No sabe lo hermosa que es nuestra vida.
그는 우리 인생이 얼마나 아름다운지 모른다.
Ana confiesa lo mucho que su padre había hecho por ella.
아나는 아버지가 그녀를 위해 얼마나 많은 것을 해주셨는지 고백한다.

Fíjese en lo despacio que lee.
그가 얼마나 천천히 읽는지 보세요.
Te voy a demostrar lo fácil que es usar el ordenador.
컴퓨터를 쓰는 게 얼마나 쉬운지 보여줄게.
No te imaginas lo bien que me siento.
내가 얼마나 기분이 좋은지 너는 상상하지 못할 거야.

2. 시간의 접속사 : 직설법 혹은 접속법

* 경험된 일 : 직설법 / 예상되는 일 : 접속법

【예문 137】 *{ cuando }*

a. Mi marido me ayuda cuando tiene tiempo.
남편은 시간이 있으면 나를 도와준다.
b. Mi marido me ayudará cuando tenga tiempo.
남편은 시간이 있으면 나를 도와줄 것이다.
(* 우리말에서는 접속법이 잘 표현되지 않는다.)

Ejercicios 연습

a-1. 비가 오지 않을 때 아우렐리오는 그물 침대를 건다.
-2. 이 옷은 빨래할 때 줄어든다.
-3. 아이들은 봄철이면 나비들을 잡는다.
-4. 나는 다음 날 일을 하지 않을 때 밤을 새운다.
-5. 그는 술이 취하면 운다.
-6. 그들이 왔을 때 나는 여러 가지를 물어 보았다.

b-1. 너 나갈 때 문을 닫아라.
-2. 네가 시험 통과하면 우리 휴가 떠나자.
-3. 네가 미술관 갈 때 내가 너 동행할게.
-4. 나는 크면 공장에서 일할 거야.
-5. 그는 술이 취하면 울 것이다.

참조 어휘

a-1. colgar la hamaca
-2. encoger, lavar
-3. atrapar mariposas, cuando ser la primavera
-4. desvelarse, al día siguiente
-5. estar borracho, llorar
-6. preguntar
b-1. salir, cerrar la puerta
-2. aprobar el examen, ir de vacaciones
-3. ir al museo, acompañar
-4. ser mayor, trabajar en una fábrica

【예문 138】 *{en cuanto, tan pronto como, apenas, no bien}*

a. En cuanto cena se acuesta.
그는 저녁을 먹자마자 잠을 잔다.
b. En cuanto cene se acostará.
그는 저녁을 먹자마자 잠을 잘 것이다.

Ejercicios 연습

a-1. 그들은 집에 도착하자마자 손을 씻는다.
-2. 그는 저녁을 먹자마자 텔레비전을 보기 시작한다.
-3. 우리는 해가 채 뜨기도 전에 일어났다.
-4. 스페인에서는 선물을 받자마자 열어본다.

b-1. 그들은 집에 도착하자마자 신발을 벗을 것이다.
-2. 그가 도착하자마자 나에게 전화하라고 말해라.
-3. 차를 수리하자마자 우리는 여행을 떠날 거야.
-4. 나는 그를 보는 즉시 내게 무슨 일이 일어났는지 얘기할 거야.

참조 어휘

a-1. lavarse las manos
-2. terminar de cenar, ponerse a ver la televisión
-3. no bien salió el sol
-4. los regalos se abren, recibir
b-1. quitarse los zapatos
-2. decirle, llamar
-3. reparar, hacer un viaje
-4. contar lo que me ha ocurrido

♠ Chiste : De locos

En el jardín de un manicomio, un loco comenta con un compañero :- Tan pronto salga de aquí, querido amigo, me convertiré en millonario : tengo una idea extraordinaria. - ¿Cuál? - Recogeré una cantidad de nieve, la pondré a secar en un horno y, después, la venderé como azúcar de primera calidad.

(조크 : 미치광이들 -
어느 정신병원의 정원에서 한 미치광이가 친구한테 말한다. "이봐, 친구, 내가 여길 나가기만 하면 금세 백만장자가 될 거야. 아주 기막힌 생각이 있거든." "뭔데?" "흰눈을 잔뜩 모아서 말이지, 오븐에 넣고 말릴 거야. 그 다음에 최상급의 설탕으로 팔 거라네.")

【예문 139】 *{ a medida que }*

a. A medida que crece hay que comprarle ropa.
자라는데 따라 걔한테 옷을 사주어야 한다.

b. A medida que crezca habrá que darle libertad.
자라는데 따라 걔한테 자유를 주어야 할 것이다.

Ejercicios 연습

a. 세월이 지남에 따라 나는 당신을 더욱 더 사랑한다는 것을 깨닫는다.
b. 이상적인 것은 당신의 라인을 회복함에 따라 옷도 회복해가는 것이다.

참조 어휘

a. pasar el tiempo, darse cuenta, querer cada vez más
b. lo ideal, ir recuperando, ropa, ir recuperando tu línea

【예문 140】 *{ siempre que, cada vez que }*

a. Ese hombre bebe siempre que hay ocasión.
그 남자는 기회가 있을 때마다 술을 마신다.
Cada vez que viene me trae un regalo.
그는 올 때마다 내게 선물을 갖다 준다.

b. Ese hombre beberá siempre que haya ocasión.
그 남자는 기회가 있을 때마다 술을 마실 것이다.
Cada vez que venga me traerá un regalo.
그는 올 때마다 내게 선물을 갖다 줄 것이다.

Ejercicios 연습

a-1. 내가 그의 충고를 따를 때마다 모든 것이 잘 된다.
-2. 가브리엘라는 여기에 올 때마다 너를 모욕한다.
-3. 나는 그의 편지를 받을 때마다 답장을 하곤 했다.

b-1. 네가 나의 충고를 따를 때마다 모든 것이 잘 될 것이다.
-2. 그녀는 여기에 올 때마다 너를 모욕할 것이다.

참조 어휘

1. todo resultar bien, seguir los consejos 2. ofender, insultar, Gabriela
3. recibir, contestar

【예문 141】 *{ después de que }*

a-1. Se acuesta después de que termina la televisión.
그는 텔레비전이 끝나야 자리에 눕는다.
-2. Nos fuimos después de que intentaron agredirnos.
그들의 공격 시도가 있은 후 우리는 자리를 떠났다.
b-1. Se acostará después de que termine la televisión.
그는 텔레비전이 끝나야 자리에 누울 것이다.
-2. Nos fuimos después de que intentaran agredirnos.
그들의 공격 시도가 있은 후 우리는 자리를 떠났다.

Ejercicios 연습

a-1. 그날 우리는 손님들이 가고 난 다음에 저녁을 먹었다.
-2. 마르따는 남편이 기억을 환기시킨 다음에 집세를 냈다.

b-1. 우리는 손님들이 가고 난 다음에 저녁을 먹을 거야.
-2. 마르따는 남편이 기억을 환기시킨 다음에 집세를 냈다.

참조 어휘

1. irse las visitas
2. Marta, pagar la renta, recordar(se lo)

☑ 경험한 일인데도 접속법

접속법이 필요하지 않지만 문체의 멋(un estilo literario afectado)을 부리려고 위의 b-2나 다음 예처럼 흔히 접속법을 쓴다.

예: El gobierno ha anunciado la suspensión temporal del turismo de su país al paraje norcoreano Kumgang *después de que* una turista surcoreana *falleciera* al ser tiroteado por soldados norcoreanos.
남한의 한 여성 관광객이 북한 군인들의 총격을 받아 사망한 후 정부는 금강산 관광을 잠정 중단한다고 발표했다.
Tres años *después de que* Chávez *llegara* al poder, el proceso revolucionario comenzaba a cobrar velocidad.
차베스가 권좌에 오른 지 삼년 후 혁명 사업은 속도가 붙기 시작했다.

【예문 142】 ***{ hasta que }***

a. Guardaron la bolsa hasta que terminé la compra.
내가 쇼핑을 마칠 때까지 가방을 보관해 주었다.

b. Guardaremos la bolsa hasta que terminen la compra.
여러분이 쇼핑을 마칠 때까지 가방을 보관해 드리겠습니다.

Ejercicios 연습

a-1. 그는 내가 부를 때까지 자기 방에만 있다.
-2. 그는 날이 밝을 때까지 책을 읽는다.

b-1. 비가 멈출 때까지 나는 기다릴 거야.
-2. 네가 춤을 배울 때까지 너하곤 같이 춤추지 않을 테다.
-3. 죽음이 우리를 갈라놓을 때까지 당신에게 충실하겠소.

참조 어휘

a-1. llamar, quedarse en su cuarto
-2. leer, amanecer
b-1. parar de llover
-2. aprender a bailar
-3. ser fiel, la muerte, separar

【예문 143】 *{ antes de que }* * 언제나 실행 전이므로, 접속법.

Pase Ud. antes de que limpien el suelo.
바닥 청소를 하기 전에 들어오세요.

Ejercicios 연습

1. 블라우스가 마르려고 하기 전에 다리미질을 해라.
2. 이멜다가 가져가려고 하기 전에 그 책을 읽어라.
3. 떼레사 양이 퇴근하기 전에 그녀에게 전화하십시오.
4. 내가 공항에 도착하기도 전에 비행기는 떠났다.

참조 어휘

1. la blusa, planchar, antes de que se vaya a secar
2. Imelda, ir a llevarse + lo 3. salir de la oficina 4. el aeropuerto

☑ 점잔 빼는 절

주절과 종속절의 주어가 같은 경우 (1) 구로 하는 게 원칙이나, (2) 점잔 빼는 말씨(seudo cultismo)에서 절을 사용한다.

예: 결정하기 전에 그것을 잘 생각해 봐라.

(1) Piénsalo bien antes de decidir algo.
(2) Piénsalo bien antes de que decidas algo.

그 알약을 드시면 훨씬 좋아질 것입니다.

(1) Se sentirá mejor después de tomar la píldora.
(2) Se sentirá mejor después de que tome la píldora.

속담

Cuando una puerta se cierra, otra se abre.
한 문이 닫히면 다른 문이 열린다. 궁하면 통한다.
Antes que te cases, mira lo que haces.
결혼하기 전에 무엇을 하려는 건지 잘 보아라.
No digáis mal del año hasta que sea pasado.
한 해가 지나기 전에 안 좋은 한 해였다고 하지 마라.

3. 양보의 접속사 : 직설법 혹은 접속법

* 사실 : 직설법 / 가정 : 접속법

【예문 144】 *{ aunque }*

a. Marcos no estudia, aunque tiene exámenes mañana.
마르꼬스는 내일 시험을 치르는데도 공부를 하지 않는다.

b. Marcos no estudiará, aunque tenga exámenes al día siguiente.
마르꼬스는 다음 날 시험을 치른다 해도 공부를 하지 않을 것이다.

Ejercicios 연습

a-1. 그녀는 오라씨오가 가난한데도 그와 결혼하려고 한다.
-2. 사실이라는 것을 알지만 나는 그것을 믿고 싶지 않다.
-3. 엔리께따는 많이 먹지만 날씬하다.
-4. 동생이 더워했지만 나는 선풍기를 껐다.
-5. 빠꼬는 만 뻬소를 준다고 했어도 그 그림을 안 팔았다.

b-1. 그녀는 라몬이 부자가 아니라고 할지라도 그와 결혼할 것이다.
-2. 네가 사실을 말할지라도 나는 너를 믿지 않겠다.
-3. 내일 날씨가 좋다 할지라도 나는 집에 있겠다.
-4. 너를 볼 수 없다고 할지라도 결코 너를 잊지 않겠다.
-5. 나는 돈이 있다고 할지라도 자동차는 안 살 거야.

참조 어휘

a-1. Horacio, casarse con　-2. saber que es verdad
-3. Enriqueta, esbelta / delgada　-4. apagar el ventilador, tener calor
-5. aunque le ofrecían diez mil pesos, el cuadro
b-1. Ramón　-2. decir la verdad, creer
-3. hacer buen tiempo, quedarse　-4. olvidar
-5. comprar un coche

속담

Aunque la mona se vista de seda, mona se queda.
원숭이는 비단 옷을 입어도 원숭이다. 치장을 해도 속이 드러난다.

【예문 145】 *{ a pesar de que, aun cuando, no obstante }*

a. Fumo a pesar de que lo prohibe el médico.
나는 의사가 금하는데도 불구하고 담배를 피운다.

b. Seguiré fumando a pesar de que lo prohiba el médico.
나는 의사가 금한다고 할지라도 담배를 계속 피우겠다.

Ejercicios 연습

a. 그녀가 나를 좋아하지 않음에도 불구하고 나는 그녀를 사랑한다.
b. 그녀가 나를 좋아하지 않는다 할지라도 나는 그녀를 사랑하겠다.

【예문 146】 *{ por mucho que, por más que }* * 대체로 접속법

a. Por más que te entrenas cada día, corres poco.
너는 아무리 연습을 매일 해도, 별로 달리질 못하는구나.
Por más que quise dormir, no pude conseguirlo.
나는 아무리 자려고 했어도 잠을 이루지 못했다.

b. Por mucho que se preocupe, Ud. no puede cambiar la situación.
당신이 아무리 걱정을 하더라도 상황을 바꿀 수는 없소.
Por mucho frío que haga, me ducho con agua fría.
아무리 날씨가 춥다고 할지라도 나는 찬 물로 샤워한다.
Por más tonto que sea, no lo podremos engañar tan fácilmente.
그가 아무리 바보라 할지라도 그리 쉽게 속일 순 없을 거야.

Ejercicios 연습

a-1. 내가 아무리 그녀를 좋아해도, 그녀의 거짓말은 용서할 수 없다.
-2. 내가 아무리 소리를 질러도, 그들은 듣지 못하였다.

b-1. 아무리 더워도, 그 교수는 넥타이를 매고 다닌다.
-2. 아무리 비가 많이 와도, 나는 나가겠다.
-3. 네가 아무리 부자라 할지라도, 사랑을 살 수는 없을 것이다.

속담

No por mucho madrugar amanece más temprano.
서두른다고 동이 빨리 트진 않는다. 일에는 때가 있다.
No hay caballo, por bueno que sea, que no tropiece.
아무리 좋은 말이라도 넘어질 때가 있다. 원숭이도 나무에서 떨어진다.

【예문 147】 { 반복 구문 내에서의 접속법 }

Sea lo que sea, no estoy de acuerdo.
어떻든 간에 나는 반대이다.
Digas lo que digas, no te escucharé.
네가 무슨 말을 하든 귀담아 듣지 않겠다.
Haga lo que haga, comuníquemelo.
무엇을 하든 간에 내게 연락을 하시요.
Quieras o no quieras, tienes que venir.
원하든 말든 간에 너는 와야 해.
Venga o no venga, tenemos que preparar la comida.
그가 오든 안 오든, 우리는 음식을 준비해야 돼.

Ejercicios 연습

1. 어떻든 간에, 그들은 우리의 대표들이다.
2. 그가 무슨 말을 하든, 너는 신경을 쓰지 마라.
3. 네가 어떻게 하든 간에, 나는 언제나 너를 사랑할 거야.
4. 원하든 말든, 너는 공부해야 한다.
5. 네가 오든 안 오든, 우리는 그를 찾아갈 것이다.

참조 어휘

1. representantes [delegados]　　2. no hacerle caso

4. 목적의 접속사 : 접속법

【예문 148】 *{ para que }*

Voy a apagar la luz para que te duermas.
네가 잠이 들도록 불을 꺼주마.

Ejercicios 연습

1. 네가 샤워를 하게 히터를 틀어 놓으마.
2. 네가 구두 한 켤레 사도록 30달러를 빌려주마.
3. 여러분이 더 잘 이해하도록 그것을 반복하겠습니다.
4. 우리 모두가 함께 갈 수 있도록 차 두 대 대신에 봉고를 가져가자.
5. 이 기계가 어떻게 작동하는지를 제가 이해하도록 설명해 주십시오.

참조 어휘

1. ducharse, encender el calentador
2. unos zapatos, prestar
3. comprender mejor, repetir
4. ir todos juntos, la camioneta, en lugar de dos coches, llevar
5. explicar, entender

【예문 149】 *{ a fin de que, a que, con objeto de que }*

Me voy a fin de que puedas estudiar.
네가 공부할 수 있도록 내가 가마.
Apagaré la luz a que te duermas.
네가 잠이 들도록 불을 꺼주마.
Escríbelo con objeto de que te comprenda el público.
대중이 자네를 이해하게끔 그것을 쓰게.

Ejercicios 연습

1. 네가 계속 공부할 수 있도록 돈을 보내마.
2. 여러 가지 동물들을 보라고 나는 아이들을 동물원에 데려가려고 한다.

3. 고객들이 우리 회사를 신뢰하게끔 애프터서비스를 제공합시다.

참조 어휘

2. llevar al zoo [al parque zoológico]
3. ofrecer el servicio postventa, los clientes, tener confianza en / confiar en, la firma

☑ no sea que = para que no∼

*de modo que, de manera que*가 결과를 나타낼 때는 직설법을 쓰지만, 목적을 나타낼 때는 para que와 같으며, *no sea que*는 para que no와 같다 :

Mándale una nota no sea que [para que no, de modo que no] se le olvide nuestra cita.
그가 약속을 잊지 않게끔 쪽지를 보내라.

속담

En nombrando al rey de Roma, luego asoma.
로마 왕을 임명하자마자, 왕이 나타난다. 호랑이도 제 말하면 나타난다.
Del dicho al hecho hay mucho trecho.
말과 행동 사이에는 큰 간격이 있다. 언행일치는 어렵다.

5. 조건의 접속사 : 접속법

[예문 150] *{ en caso de que }*

Se desvelarán en caso de que tengan que estudiar.
그들은 공부를 해야 할 경우에는 밤을 새울 것이다.

Ejercicios 연습

1. 내일 비가 올 경우 나는 우산을 가져가겠다.
2. 나는 돈이 생길 경우 그 소설책을 사겠다.
3. 너희들이 이 개를 못살게 굴 경우 너희들을 물 것이다.
4. 필요할 경우 그는 다시 수술을 받을 것이다.
5. 또 고발이 있을 경우 우리는 변호사를 한 사람 선임할 것이요.

참조 어휘

1. el paraguas 2. tener dinero, la novela 3. molestar, morder
4. Le harán otra operación, ser necesario 5. nombrar un abogado, haber otra denuncia

【예문 151】 *{con tal de que, a condición de que, siempre que / con (sólo) que}*

Te daré un dulce con tal que no llores.
네가 안 울면 사탕 하나 주지.
Te lo diré a condición de que no lo cuentes a nadie.
네가 아무에게도 얘기 않는다는 조건으로 그걸 말해주마.
Los estudiantes tenían derecho a examen siempre que no faltaran a más de diez clases.
학생들은 수업을 열 번 이상 빠지지 않는 한 시험을 볼 자격이 있었다.
Con sólo que falte él, ya no podemos representar la función.
그가 빠지기만 해도 이미 우리는 공연을 할 수가 없게 된다.

Ejercicios 연습

1. 네가 그 책을 화요일에 돌려주기만 한다면 빌려줄게.
2. 노조가 어느 정도 양보를 한다면 회사는 계약에 서명할 것이요.
3. 그들이 열한시 전에 돌아오는 조건으로 허락해 주겠다.
4. 뻬뻬와 과달루뻬는 뜻밖의 사고가 일어나지 않는 한 12월에 결혼할 것이다.
5. 네가 매일 한 시간만 운동을 해도 건강을 유지할 수 있을 거야.

참조 어휘

1. devolver, prestar
2. firmar el contrato, el sindicato hacer ciertas concesiones
3. dar permiso
4. Pepe, Guadalupe, ir a casarse, presentar (se les) un contratiempo
5. mantener la salud, hacer ejercicios una hora al día

☑ 조건의 접속사절과 si 조건법

조건의 접속사가 이끄는 절은 직설법을 쓰는 "si 조건법"으로 바꿀 수 있다. 단, sin que ~는 예외로 한다.

예: Se desvelarán si tienen que estudiar.
Te daré un dulce si no lloras.

【예문 152】 *{ a menos que, a no ser que }*

No irá a menos que tú quieras.
네가 원하는 것이 아닌 한 그는 가지 않을 것이다.
Vendré esta tarde a no ser que ocurra algo imprevisto.
예기치 못한 어떤 일이 생기지 않는 한 오늘 오후에 오겠습니다.

Ejercicios 연습

1. 네가 읽어 보지 않는 한 그 작품이 무엇을 다루는지 모를 거다.
2. 나를 도와주려고 오는 것이 아닌 한 너는 오지 말아라.
3. 자동차가 고장 나지 않는 한 우리는 세시에 도착할 것이다.
4. 건축비는 인건비가 오르지 않는 한 약 100억 원이 될 겁니다.
5. 누가 나를 도와주지 않는 한 오늘 그걸 마칠 수 없다.

참조 어휘

1. de qué trata la obra
3. descomponerse el coche
4. el costo de la construcción será de, subir la mano de obra
5. acabar, alguien

【예문 153】 *{ sin que }*

Sal discretamente sin que nadie te vea.
아무도 널 보지 않게 살그머니 나와라.
Los niños no pueden estar juntos sin que surjan pleitos.
아이들은 같이 있으면 꼭 싸운다.

Ejercicios 연습

1. 아이들이 보지 않게 장난감들을 감추어요.
2. 호르헤가 모르게 그걸 내게 다오.
3. 네 동생이 듣지 않게 나한테 그걸 말해라.
4. 행진은 큰 사고를 기록하지 않고 진행되었다.
5. 아무도 나를 도와주지 않아도 이 일을 오늘 마칠 수 있다.

참조 어휘

1. los juguetes
2. Jorge
3. el hermano menor, oir
4. la marcha, realizarse, registrarse incidentes graves
5. nadie

☑ como, mientras 등이 조건을 나타낼 때

a. Como te vuelves a referir a ese asunto, me enfado. **(원인)**
네가 그 문제를 또 언급하니까 내가 화내는 거야.
Como te vuelvas a referir a ese asunto, me enfado. **(조건)**
네가 그 문제를 또 언급한다면 나 화낼 거야.

b. Mientras estudio, no me gusta que me distraigan. **(시간)**
나는 공부하는 동안에 사람들이 주의를 흐트러뜨리는 걸 싫어한다.
Te apoyaré mientras tengas razón. **(조건)**
네가 옳은 한 너를 지지해 주겠다.

6. <Si 조건법> : 직설법

【예문 154】 { 직설법 현재 · 현재완료 사용 }

Si no llueve, iré[voy] a la playa.
비가 안 오면 나는 바닷가에 가겠다[간다].
Si ha salido el tren, iré por avión.
기차가 떠났으면 나는 비행기로 가겠다.

Ejercicios 연습

1. 9시 기차가 떠났으면 너는 10시 차를 타거라.
2. 네가 여기에 주차하면 벌금을 매길 거야.
3. 가브리엘을 보거들랑 이 책을 주어라.
4. 당신은 서두르지 않으면 기차를 놓칠 겁니다.
5. 내가 사실대로 말하면 너는 나를 믿을 거야?
6. 시간 있으면 나 좀 보러 와라.

참조 어휘

1. el tren de las 9, el de las 10, coger; tomar
2. multar; poner una multa, estacionarse
4. darse prisa
5. decir la verdad

** 주의! **

<Si 조건법>은 현실성이 있는 가정을 할 때 쓰는 것으로 직설법을 쓴다. 단, cuando · en caso de que · con tal que · como 등으로 표현할 때는 같은 내용이라도 접속법을 쓴다는 것에 유의해야 한다.

[예문 155] { 직설법 과거 사용 }

* 과거에 일어났던 조건

Si iba el primero, entonces era Carlos.
일등이 지나갔다 하면 그건 까를로스였다.

Si le llamé, fue porque no tenía noticias suyas.
그에게 전화한 것은 그의 소식을 몰랐기 때문이야.

Ejercicios 연습

1. 비가 안 오면 우리는 바닷가에 가곤 했다.
2. 술만 마셨다 하면 다음 날 숙취가 있곤 했다.
3. 알리시아가 9번 이상 결석했으면 이미 기말시험 칠 자격을 잃었다!
4. 네가 지난주에 왔으면, 왜 나한테 전화조차도 안 했니?

참조 어휘

2. tomar licor, tener resaca al día siguiente
3. Alicia, faltar a más de nueve clases, ya perder el derecho a tomar el examen final
4. la semana pasada, siquiera

속담

Si no hay noticias, es buena noticia. 무소식이 희소식
Si el prior juega a los naipes, ¿qué harán los frailes?
수도원장이 트럼프를 치면, 수도승들은 뭐할꼬? 윗물이 맑아야 아랫물도 맑다.

7. <Si 가정법> : 접속법

【예문 156】 { *Si* +접속법 과거, 가능법 불완료 }

Si me tocara la lotería, viajaría contigo por el mundo.
만약 내가 복권에 당첨된다면, 너랑 세계여행을 할 텐데.

Ejercicios 연습

1. 만약 네가 복권에 당첨된다면 무엇을 할래?
   만약 내가 당첨된다면, 오토바이를 한 대 사겠어.
2. 만약 너의 집에 불이 난다면 어떻게 할래(무엇을 할래)?
   만약 우리 집에 그런 일이 일어난다면, 즉시 119에 알릴 거야.
3. 만약 내가 대통령이라면 나라의 모든 문제들을 해결하겠소.
4. 만약 내가 당신 입장이라면 그렇게 하지 않겠소.
5. 만약 내가 새라면 여권 없이 국경들을 넘어 다니련만.

참조 어휘

1. ¿qué harías?, la moto(cicleta)
2. haber un incendio, avisar al 119
3. el presidente (de la república), resolver
4. si yo estuviera en su lugar
5. pájaro, sin pasaporte, las fronteras

**** 주의! ****

1. <Si 가정법>은 현실성이 없는 현재·미래의 가정이나 정중한 부탁을 할 때 쓰는 것이며, Si가 이끄는 절에 접속법 현재는 올 수 없고 접속법 과거·과거완료, 귀결절에 가능법 불완료·완료형을 쓴다.
2. 귀결절의 가능법 및 조건절의 접속법 과거는 구어체에서 직설법 불완료과거로 대체되곤 한다.
   예: Si me tocara la lotería, <u>viajaba</u> contigo por el mundo.
   ¿Qué pasaría si no <u>lograba</u> realizarlo?

속담

No hay palabra mal dicha si no fuese mal entendida.
나쁘게 받아들이지만 않으면 나쁜 말은 없다.

【예문 157】 { *Si* + 접속법 과거완료, 가능법 완료 }

*** 과거 사실에 반대되는 가정.**

Si hubieras llegado antes, lo habrías visto.

만약 네가 그 전에 왔더라면 그것을 보았을 것이다.

Ejercicios 연습

1. 만약 내가 돈이 있었더라면 주식에 투자했을 텐데.
2. 만약 내가 그것을 알았더라면 오지 않았을 것이다.
3. 만약 노동자들이 임금 인상을 얻어 내지 못했더라면 파업을 했을 것이다.

참조 어휘

1. invertir en acciones
3. los obreros, conseguir el aumento de sueldo, hacer huelga

** **참고** **

가정법 과거완료에서 귀결절의 가능법은 접속법 과거완료로 대체될 수 있다.

예: Si hubieras llegado antes, lo <u>hubieras visto</u>.

【예문 158】 복합 가정 : { 과거 + 현재 }

Si mamá no hubiera puesto la calefacción anoche, ahora estaríamos resfriados.

만약 어머니가 어제 밤에 난방을 안 켜셨더라면 지금 우리는 감기에 걸려 있을 것이다.

Ejercicios 연습

1. 만약 어제 우리가 입장권들을 사지 않았더라면, 지금 줄을 서 있어야 할 것이다.
2. 만약 네가 한 시간 전에 내가 말한 대로 그 알약을 먹었더라면, 지금은 좋아졌을 것인데.

참조 어휘

1. las entradas, estar formados en la fila
2. tomar las pastillas hace una hora

【예문 159】 *{ De* + 동사원형 *}* : 조건절을 조건구로

De tomar café en la noche, no me podía dormir después [no me puedo dormir después / no me pudiera dormir después].
밤에 커피를 마시면, 잠을 잘 수가 없었다 [없다/ 없을 것이다].
De no haber tomado café anoche, me habría dormido pronto.
어제 밤에 커피를 마시지 않았더라면, 금방 잠들었을 것이다.

Ejercicios 연습

*** 조건절을 조건구로 바꾸어보시오.**

1. Si no había té en la casa, tomábamos café.
2. Si nos gustaba la película, nos quedábamos a verla dos veces.
3. Si llueve mañana, se suspenderá el partido final de fútbol.
4. Si mis sobrinitos se portan mal, mi hermana no los deja ver la televisión.
5. Si yo fuera presidente, cambiaría muchas cosas.
6. Si no estuvieras tú aquí ahora, ¿dónde te gustaría estar?
7. Si hubiéramos sabido que Uds. vivían tan cerca, habríamos ido a visitarlos.
8. Si Hernán Cortés no hubiera quemado sus naves, sus hombres lo hubieran obligado a regresar a Cuba.
9. Si hubieran comprado esas acciones el año pasado, ahora serían Uds. ricos.
10. Si no hubieran Uds. hecho las reservaciones anteayer, todavía andarían buscando donde alojarse.

☑ ≪A + 동사원형≫, ≪Yo que tú≫

1. <A + **동사원형**>**을 쓸 수도 있다.**

A decir verdad = Si digo la verdad 사실을 말하자면...
A haberlo sabido = De haberlo sabido = Si lo hubiera sabido
그걸 알았더라면...

2. <Yo que tú>, <Yo, en tu lugar> **식의 표현도 사용한다**.

Yo que tú, no lo haría. Yo que Ud., no lo haría.
(= Si yo estuviera en tu / su lugar,..)

[예문 160] { 조건절이 생략된 가정법 과거 }

(... ,) Yo no me habría ido sin pagar.
나라면 값을 안 치르고 가지 않았을 텐데.

Ejercicios 연습

1. 나라면 미국으로 가는 대신에 스페인으로 갔을 텐데.
2. 왜 시험 보지 않았니? 내 생각으로는 네가 합격했을 텐데.
3. 나라면 중고차를 사고 그래서 돈을 좀 절약했을 것이다.
4. 훌리아는 파티에 안 갔습니다.
   유감이군요! 제 생각으로는 틀림없이 꽤 즐거웠을 텐데.

참조 어휘

1. en vez de ir a -
2. presentarse al examen, creo que - aprobar
3. un coche usado, ahorrar algo de dinero
4. Julia, qué lástima, estoy seguro de que -, divertirse

♠ Chiste : En el manicomio

- Con el dinero que estoy ahorrando, -dice un loco-, me compraré una moto. - Yo, en cambio, -dice otro-, me compraré una vaca. - Estarás muy ridículo montado en la vaca cuando quieras hacerla correr. - Más ridículo estarás tú con tu moto cuando quieras ordeñarla.

(조크 : 정신병원에서 -한 미치광이가 말한다. "지금 돈을 모으는 걸로 말이지, 난 오토바이를 살 거야." 다른 미치광이 왈 : "난, 그것 대신에, 소를 한 마리 사겠어." "네가 그걸 몰고 달릴 때 되게 웃기겠다." "네가 오토바이 붙잡고 젖을 짤 때가 더 웃길 걸.")

【예문 161】 ≪*como si*≫

* **언제나 접속법 불완료과거나 과거완료를 쓴다.**

Luis habla [habló, hablaba, hablará] como si supiera de todo.
루이스는 마치 모든 것을 다 아는 듯이 말한다[했다, 하곤 했다, 할 것이다].
Te portas como si fueras loco. (=Te portas como loco.)
너는 마치 실성한 사람처럼 군다.
La niña estaba llorando como si la medicina le hubiera hecho daño.
그 여아는 마치 그 약이 해를 끼치기라도 한 것처럼 울어대고 있었다.

Ejercicios 연습

1. 그녀는 마치 실성한 여자처럼 웃어댔다.
2. 너는 왜 아무 할 일이 없는 것처럼 빈둥대니?
3. 마누엘은 마치 술 취한 사람처럼 걷고 있었다.
4. 저 부인은 마치 새파랗게 젊은 여자처럼 옷을 입는다.
5. 그는 마치 지겨워하는 듯이 보인다.
6. 올가와 마떼오는 마치 결코 헤어지지 않기로 맹세라도 한 것처럼 언제나 같이 다녔다.

참조 어휘

1. soltar una carcajada, estar loca
2. estar ocioso, no tener nada que hacer
3. Manuel, borracho
4. vestirse, jovencita
5. estar aburrido
6. andar siempre juntos, jurar no separarse jamás

8. ≪cuando & hace - que≫

[예문 162] { *cuando* 절에서의 직설법 과거 연습 }

a. <**불완료과거, 불완료과거**>

Cuando era joven, vivía en la capital.

젊었을 때는 수도에 살고 있었다.

b. <**불완료과거, 단순과거**>

Cuando iba a la oficina, tuvo un accidente.

그는 출근을 하는 중에 사고를 당했다.

c. <**단순과거, 불완료과거**>

Cuando tuvo un accidente, iba a la oficina.

그가 사고를 당했을 때는 출근 중이었다.

d. <**단순과거, 단순과거**>

Cuando subí al autobús, me encontré con Carmen.

버스에 탔을 때 나는 까르멘을 만났다.

e. <**단순과거, 과거완료**>

Cuando llegué al aeropuerto, ya había despegado el avión.

내가 공항에 도착했을 때 이미 비행기는 이륙을 하였다.

Ejercicios 연습

a-1. 내가 바다 근처에 살 때는 매일 같이 수영을 하곤 하였다.
-2. 그가 제화점에 근무할 때는 회계원이었다.

b-1. 내가 식사를 하고 있을 때 전화벨이 울렸다.
-2. 그가 젊었을 때는 3년 간 전국 테니스 챔피언이었다.

c-1. 네가 전화하였을 때 나는 식사 중이었다.
-2. 그가 보고타에 도착했을 때는 열두 살이었다.

d-1. 그가 문을 열었을 때 한 방의 총소리를 들었다.
-2. 내가 물어 보았을 때 그는 거짓말을 하였다.

e-1. 환자를 병원에 데려갔을 때 이미 사망을 하였다.
-2. 우리가 극장에 도착했을 때 입장권은 이미 동이 나버렸다.

참조 어휘

a-1. cerca del mar, nadar, casi todos los días -2. la zapatería, el cajero
b-1. sonar el teléfono -2. campeón nacional de tenis durante tres años
c-2. Bogotá, tener
d-1. oir un tiro -2. mentir
e-1. llevaron al enfermo al hospital, fallecer -2. agotarse, las entradas

☑ ≪al + 동사원형≫

cuando, mientras, en el momento de 등을 대신하는 간편한 형식이다:

Al salir te llamo.(= Cuando yo salga, te llamo.)
Al salir me llamó.(= Cuando salía, me llamó.)
Al oir el despertador me levanté.(= En cuanto lo oí, me levanté.)

[예문 163] ≪*¿Cuánto tiempo hace?*≫

a. ¿Cuánto tiempo hace que estás en Corea?
Hace un mes que estoy en Corea.
한국에 있은 지 얼마나 되지? 한 달 돼.

b. ¿Desde cuándo vives aquí?
Vivo aquí desde hace tres meses / Vivo aquí desde que era niño.
언제부터 여기에 사니?
석 달 전부터 여기 살아 / 어렸을 때부터 여기 살았어.

c. ¿Cuándo conociste al doctor Kim?
Hace dos semanas que lo conocí. = Lo conocí hace dos semanas.
김 박사를 언제 알았니? 두 주일 전에 알았어.

d. ¿Cuánto tiempo hacía que trabajaba allí?
Hacía cinco años que trabajaba allí.
= Trabajaba allí desde hacía 5 años.
거기서 일한 지 얼마나 됐었지? 5년 전부터 일하고 있었지.

e. ¿Cuánto tiempo hará mañana que llegaste aquí?
Mañana hará un mes que llegué aquí.
내일이면 네가 여기에 도착한 지 얼마나 되지? 내일이면 한 달일 거야.

Ejercicios 연습

a-1. 당신은 이 공장에서 일하고 있는 지 얼마나 됩니까?
이 공장에서 일한 지 칠 년 됩니다.
-2. 저는 담배 안 피운 지 석 달 됩니다.

b-1. 롤라는 언제부터 너의 애인이니?
그녀는 한 달 전부터 내 애인이다 / 그 파티에서 만난 때부터야.
-2. 나는 어제부터 그를 못 보고 있다.

c-1. 비가 언제 왔지?
비 온 지 오래 됐어 / 오래 전에 비가 왔지.
-2. 당신은 언제 자동차에 기름을 넣었습니까?
기름 넣은 지 몇 주일 되었습니다 / 몇 주일 전에 기름을 넣었습니다.

d-1. 그가 그녀와 사귄 지가 그때 얼마나 됐었습니까?
얼마 안 됐었습니다.

e-1. 내년이면 단군 할아버지가 나라를 세운 지 4,347년이 될 거야.

참조 어휘

a. la fábrica
b. Lola, novia / desde que nos conocimos en la fiesta
c. hace mucho (tiempo), poner gasolina en -, unas semanas
d. empezar a salir con ella, hace poco (tiempo)
e. el año que viene [entra], fundar nuestra nación

III. 종속문이 명사절인 경우

1. 직설법을 쓰는 명사절

*** 주동사가 사실을 나타낼 때.**

【예문 164】 { 직접화법을 간접화법으로 바꾸기 : 주절의 시제가 현재 }
Dice : -Estoy cansado. → Dice que está cansado.
Dice : -Llegaré mañana.→ Dice que llegará mañana.
Dice : -He visitado un museo.→ Dice que ha visitado un museo.

Ejercicios 연습

1. 아르뚜로가 말한다 : "잠이 와." / 아르뚜로가 잠이 온다고 말한다.
2. 베니또가 말한다 : "나는 어제 왔어." / 베니또가 어제 왔다고 말한다.
3. 까딸리나가 말한다 : "날씨가 덥구나." / 까딸리나가 날씨가 덥다고 말한다.

참조 어휘

1. Arturo, tener sueño 2. Benito, llegar 3. Catalina

【예문 165】 { 직접화법을 간접화법으로 바꾸기 : 주절의 시제가 과거 }

Dijo : -Estoy cansado. → Dijo que estaba cansado.

Dijo : -Llegaré mañana.→ Dijo que llegaría al día siguiente.

Dijo : -He visitado un museo.→ Dijo que había visitado un museo.

Ejercicios 연습

1. 디에고가 말했다 : "난 머리가 아파." / 디에고는 머리가 아프다고 말했다.
2. 그들이 말했다 : "우리는 내일 갈 거야." / 그들은 다음 날 가겠다고 말했다.
3. 펠리뻬가 말했다 : "나 점심 먹었어." / 펠리뻬는 점심 먹었다고 말했다.

참조 어휘

1. Diego, doler (le) la cabeza 3. Felipe, comer

【예문 166】 ≪ ***Pregúntale– / Dice que–*** ≫

Pregúntale si ha leído el libro. 그에게 그 책을 읽었는지 물어봐라.

Dice que está leyendo[ha leído / leerá / leyó / leía] el libro.

그가 말하기를 그 책을 읽고 있다[읽었다 / 읽을 것이라 / 읽었다 / 읽고 있었다]고 한다.

Ejercicios 연습

1. 그에게 이름이 무엇인지 물어 보시요.
   이그나시오 데 로욜라 라고 한답니다.
2. 그에게 몸 상태가 좋은지 물어 보시요.
   감기에 걸려 있다고 합니다.
3. 그에게 지금 무엇을 하고 있는지 물어 봐라.
   지금 공부를 하고 있다고 한다.
4. 그에게 많이 샀는지 적게 샀는지 물어 보아라.
   조금 샀다고 말한다.
5. 그에게 언제 돌아올 것인지 물어 보시요.
   금요일에 돌아오겠답니다.
6. 그에게 오늘 아침에 왜 늦게 도착했는지를 물어 봐라.
   버스를 놓쳤다고 해.
7. 그에게 어디 가는 길이었는지 물어 봐라.
   교회 가는 중이었대.
8. 그에게 광장에 사람이 많이 있었는지 물어 보시요.
   그렇다고 합니다.

참조 어휘

1. Pregúntele cómo se llama. Ignacio de Loyola
2. si está bien, estar resfriado
3. Pregúntale qué hace ahora, estar estudiando
4. si ha comprado mucho o poco
5. cuándo regresará
6. por qué llegó tarde esta mañana, perder el autobús
7. a dónde iba, a la iglesia
8. si había mucha gente en la plaza, sí

【예문 167】 ≪*Dijo que* −≫

Dijo que leía [estaba leyendo / leería / había leído] el libro.
그 책을 읽는다 / 읽고 있다 / 읽을 것이다 / 읽었다 고 말했다.

Ejercicios 연습

1. 라파엘은 졸린다고 말했다.
2. 너는 헤엄칠 줄 모른다고 말했다.

3. 나는 혼자 휴가를 떠나기는 싫다고 말했다.
4. 그 순경은 그 곳에 주차를 하는 것은 금지되어 있다고 말했다.
5. 너는 그 책을 사겠다고 했다.
6. 꼰치따는 9월에 결혼하겠다고 말했다.
7. 나는 시험에 통과하였다고 말했다.
8. 그들은 스위스에서 스키 타는 법을 배웠다고 말했다.

참조 어휘

1. Rafael, tener sueño
2. saber nadar
3. ir solo de vacaciones
4. el policía, estar prohibido estacionarse
6. Conchita, casarse
7. aprobar el examen
8. aprender a esquiar en Suiza

속담

Dijo la sartén a la caldera : quítate allá, culinegra.
프라이팬이 솥보고, 검댕이야, 저리 가라 한다.

【예문 168】 { 주절의 동사가 ***creer***류 }

Creo que viene / vendrá / ha venido / vino.
나는 그가 온다고 / 올 것이라고 / 와 있다고 / 왔다고 믿는다.
Creía [creí] que venía / vendría / había venido.
나는 그가 온다고 / 올 것이라고 / 왔다고 믿었다.

Ejercicios 연습

*** 옆에 제시된 동사들을 주절의 동사로 활용하라.**

1. 나는 호세가 장학금을 받으리라고 믿는다. creer
2. 나는 자네가 과장에게 호감을 사고 있다고 확신한다. estar seguro
3. 그들은 그가 과장을 심하게 한다고 생각했다. pensar
4. 증인들은 거기서 그 두 남자를 보았다고 분명히 말했다. asegurar
5. 우리 통신원은 어제 그 곳에 지진이 있었다고 보고했다. informar
6. 나는 라우라가 작년에 크리스마스 카드를 내게 보내온 것을 기억한다. acordarse de
7. 너는 그가 유명한 음악가라는 것을 알고 있니? saber

8. 그 관리는 올해 물가가 상당히 올랐음을 부인하지 않는다. no negar
9. 나는 그가 공부를 많이 했다는 것을 의심하지 않는다. no dudar
10. 그는 모든 것들이 자기한테 달려 있다고 상상한다. imaginarse

참조 어휘

1. la beca
2. Estoy seguro de que, simpatizarle al jefe
3. exagerar mucho
4. los testigos
5. el corresponsal, haber un terremoto
6. Laura, enviar una tarjeta navideña
7. un famoso músico
8. el funcionario, los precios han subido considerablemente
10. que todos están pendientes de él

☑ 종속절에서 직설법을 쓰게 만드는 그 밖의 동사들

acordarse, admitir, afirmar, confesar, considerar, contestar, criticar, estar seguro, notar, observar, opinar, querer decir, recordar, saber, significar, ver, etc.

Obama admite que falló como líder. 오바마는 지도자로서 실수했음을 인정한다.
Lloré como un bebé después de confesar que era homosexual.
나는 동성애자라고 고백한 다음에 갓난아이처럼 울었다.
Esto significa que es perfecto para observar todo tipo de actividades sospechosas que puedan ocurrir en casa.
그것은 집안에서 일어날 수 있는 모든 종류의 수상한 움직임을 완벽하게 지켜본다는 것을 의미한다.

☑ ≪suponer que≫

<짐작 / 추측>일 때는 직설법을 쓰고, <가정>일 때는 경우에 따라 접속법 과거, 직설법 불완료과거 혹은 직설법 현재를 쓴다 :

Supongo que vendrá. 그가 올 것으로 생각한다.
Vamos a suponer que se muriera mañana.
그가 내일 죽는다고 가정해 보자.
Suponiendo que ocurría una nueva guerra,
새로운 전쟁이 일어난다고 가정하면,..
Supongamos que estoy solo en un cuarto oscuro.
내가 혼자 어두운 방에 있다고 가정해보자.

2. 접속법을 쓰는 명사절

2-1. decir와 creer류

[예문 169] { 주동사가 종속절의 내용을 부인함 }

Yo no digo que nuestros productos sean los mejores del mundo, pero sí digo que son los mejores del país.
나는 우리의 제품들이 세계에서 가장 좋다고 말하지는 않지만 국내에서는 가장 좋다는 것을 분명히 말한다.

No creo que venga / haya venido / viniera.
나는 그가 오리라고 / 와 있다고 / 왔다고 생각하지 않는다.
No creía [creí] que viniera / hubiera venido.
나는 그가 오리라고 / 왔다고 생각하지 않았다.

Ejercicios 연습

1. 나는 네가 세상에서 제일 예쁘다고 말하진 않지만, 제일 예쁜 여자 중의 하나라고는 분명히 말한다. no decir / sí decir
2. 그들은 네가 미쳤다고 말하진 않았지만, 괴상하다고는 분명히 말했다.
3. 나는 마리오가 장학금을 받았다고는 믿지 않는다. no creer
4. 나는 자네가 과장에게 호감을 사고 있다고 믿지 않는다. no estar seguro
5. 나는 그가 과장을 심하게 한다고는 생각하지 않았다. no pensar
6. 증인들은 그 여자를 보았는지는 분명히 말하지 못했다. no asegurar
7. 우리 통신원은 사망자들이 있는지는 우리에게 보고하지 않았다. no informar
8. 나는 라우라가 재작년에 성탄 카드를 보내왔는지는 기억이 나지 않는다. no acordarse de; no recordar
9. 그 관리는 올해 물가가 약 30% 올랐다는 것을 부인한다. negar
10. 나는 그가 작별을 고하지 않고 떠난다는 것을 상상할 수 없다. imaginarse

11. 그것은 그가 무죄라는 것을 의미하지는 않는다.

no querer decir

참조 어휘

2. no dijeron que te hubieras vuelto loco, ser extravagante
3. no creer que haya recibido la beca
7. muertos
8. hace dos años
9. subir en un treinta por ciento
10. no poder imaginarse que se vaya sin despedirse
11. Eso, querer decir, ser inocente

☑ 정리 : 직설법 / 접속법 (주절의 시제가 현재(완료)일 때와 과거일 때)

1. Dice que me quiere.
   / Nunca ha dicho que me quiera.
   Dijo que me quería.
   / Nunca dijo que me quisiera.

2. Dice que te has vuelto loco.
   / No dice que te hayas vuelto loco.
   Dijo que te habías vuelto loco.
   / No dijo que te hubieras vuelto loco.

3. Creo que Mario ha recibido la beca.
   / No creo que Mario haya recibido la beca.
   Creía que Mario había recibido la beca.
   / No creía que Mario hubiera recibido la beca.

4. Estoy seguro de que le simpatizas al jefe.
   / No estoy seguro de que le simpatices al jefe.
   Estaba seguro de que le simpatizabas al jefe.
   / No estaba seguro de que le simpatizaras al jefe.

5. Pienso que él exagera mucho.
   / No pienso que él exagere mucho.
   Pensé que él exageraba mucho.
   / No pensé que él exagerara mucho.

6. Dicen que eres extravagante.

/ No dicen que seas extravagante.
Dijeron que eras extravagante.
/ No dijeron que fueras extravagante.

7. Aseguran que la han visto a ella.
/ No aseguran que la hayan visto a ella.
Aseguraron que la habían visto a ella.
/ No aseguraron que la hubieran visto a ella.

8. No niega que los precios han subido en un treinta por ciento este año.
/ Niega que los precios hayan subido en un treinta por ciento este año.
No negó que los precios habían subido en un treinta por ciento ese año.
/ Negó que los precios hubieran subido en un treinta por ciento ese año.

9. Nos informa que hay muertos.
/ No nos informa que haya muertos.
Nos informó que había muertos.
/ No nos informó que hubiera muertos.

10. Me acuerdo de que Laura me envió una tarjeta navideña hace dos años.
/ No me acuerdo de que Laura me enviara una tarjeta navideña hace dos años.
Me acordé de que Laura me había enviado una tarjeta navideña hacía dos años.
/ No me acordé de que Laura me hubiera enviado una tarjeta navideña hacía dos años.

【예문 170】 { 주동사가 종속절에 영향을 미침 : 명령, 부탁 등 }

* decir**가** ordenar, aconsejar, pedir **등의 뜻으로 쓰일 때.**

Dile / Dígale a Juan que no se vaya.
후안에게 가지 말라고 해라 / 하시요.
Papá dice que no te vayas. 아빠가 너보고 가지 말라고 하신다.
Papá dijo que no te fueras. 아빠가 너보고 가지 말라고 하셨다.

Ejercicios 연습

1. 아버지는 우리들에게 착한 사람이 되라고 말씀하신다.
2. 어머니는 내게 동생을 때리지 말라고 말씀하셨다.
3. 순경이 너보고 멈춰 서라고 한다.

4. 의사가 나더러 아스피린을 한 알 먹으라고 했다.
5. 그에게 음료수 값을 치르라고 말해라.
6. 에스뗄라가 자기를 여기서 기다리라고 내게 말했다.
7. 당신은 그들에게 화요일 전에 돌아오라고 말하시오.
8. 너는 그들에게 날 죽이지 말라고 말해다오.

참조 어휘

1.ser bueno
2. no pegar(le) *간접목적격
3. el policía, pararse
4. tomar una aspirina
5. pagar los refrescos
6. Estela
7. volver antes del martes
8. Diles que no me maten.

2-2. mandar · pedir · permitir류

【예문 171】 *{ 주동사가 종속절에 영향을 미침 (1) }*

*** 주절의 동사가 명령 · 금지 · 사역 · 강요 · 허가 · 방임 · 요청 · 권고 등을 행할 때.**
*** 부정사로 절을 대신할 수 있음.**

El jefe me ordena que llegue a tiempo a la oficina.
(= El jefe me ordena llegar a tiempo a la oficina.)
과장은 내게 정시 출근을 명한다.

Ejercicios 연습

*** 옆에 있는 동사들을 주절에 활용하라.**

1. 과장은 우리들에게 더 많이 팔 것을 요구한다. exigir
2. 선장은 우리에게 밤 8시 전에 돌아오라고 명령했다. mandar
3. 의사는 내게 육식을 금하였다. prohibir
4. 나는 네가 하신따와 만나는 것을 허락할 수 없다. permitir
5. 우리 부모님은 내가 늦게 귀가하는 것을 그냥 두지 않으신다. dejar
6. 그는 내게 사실을 조사해 볼 것을 제안했다. sugerir
7. 너에게 그 영화를 볼 것을 권한다. recomendar
8. 그에게 돈을 빌려 달라고 부탁해라. pedir
9. 이 일을 아무에게도 말씀하지 말아 주실 것을 당신에게 간청합니다. suplicar; rogar

참조 어휘

2. el capitán 3. no comer carne 4. verse con Jacinta
6. averiguar la verdad 8. prestar 9. hablar este asunto con nadie

♠ Chiste : En el autobús

- ¡Qué falta de educación permitir que esta señora vaya de pie! ¿por qué no se levanta Ud.?
- Porque soy su marido.

(조크 : 버스에서 - "아주머니가 서서 가시게 하다니 이렇게 교양 없을 수가 있나! 당신 왜 안 일어나는 거요?" "왜냐하면 나는 남편이기 때문이오.")

2-3. desear · aprobar류

【예문 172】 *{ 주동사가 종속절에 영향을 미침 (2) }*

*** 주절의 동사가 희망·선택·승인·반대·성취 등을 나타낼 때.**
*** 부정사를 이용한 단문 구성은 불가함.**(단, 단일 주어일 때는 가능.)

¿Qué quieres que haga por ti?
내가 너에게 무엇을 해주기를 바라니?

Ejercicios 연습

1. 우리는 당신들이 즐거운 성탄절을 보내시길 바랍니다. desear
2. 까롤리나는 내가 그녀를 7시에 데리러 올 것을 바란다. querer
3. 나는 당신이 돌아오길 바라고 있었습니다. esperar
4. 여러분이 지각하지 않기 바랍니다. esperar
5. 심의회는 그 영화를 한국에서 상영하는 것을 승인하였다. aprobar
6. 그 어머니는 자기 딸이 문필가와 결혼하는 것을 반대했다. oponerse a
7. 나는 시청이 내 피해를 배상하게 하는 데 성공했다. lograr
8. 당신은 그 환자를 흥분시키는 것은 피해주십시오. evitar
9. 당신들은 고객들이 우리의 사정을 이해하도록 노력해 보시요. tratar de

참조 어휘

1. pasar muy feliz Navidad
2. Carolina, pasar por ella a las siete
4. retrasarse
5. el consejo, exhibir esa película
6. casarse con un escritor
7. el ayuntamiento, indemnizarme por los daños
8. excitarse el enfermo
9. los clientes, nuestra situación

☑ 완곡어법(Eufemismo)

"나를 도와라!"를 "Ayúdame!"로 할 수 있지만, 보다 완곡한 표현을 사용하는 것이 보통이다. "Ayúdame, por favor." "¿Puedes ayudarme?" "Quiero que me ayudes." 등은 한결 부드러운 느낌을 준다. 그러나 더욱 완곡하게 표현하는 방법들이 많은데, 다음과 같이 시제를 변형하거나 정형화된 문구를 사용하는 것이 대표적이다:

1. 직설법 불완료과거

가게에 들어서면 점원은 "¿Qué quería?"(무엇을 찾으시나요?)로 묻고 손님은 "Quería una falda para mí."(치마를 한 벌 사려고요.)로 답하는 것은 하나의 정석이다. 마찬가지로 가까운 사이라도 정중하게 부탁을 하려면 "Quería pedirte un favor."로 함이 좋을 것이다.

2. 가능법 불완료형

"Querría pedirte un favor."(부탁을 하나 해도 될까 하네만.) "Me gustaría que aprobaras el examen."(네가 시험을 통과하면 얼마나 좋을까 싶어.) "¿Podría hablar con Pedro González?"(뻬드로 곤살레스와 통화할 수 있을까요?) "¿Te gustaría cenar conmigo esta noche?"(오늘밤 나랑 저녁식사하면 어떻겠어?) "Me encantaría, pero tengo trabajo."(그러면 참 좋겠는데, 일이 있어서.)

3. 접속법 불완료과거

"Quisiera que me ayudaras."(나 좀 도와주었으면 어떨까 하네만), "Quisiera que me pagasen en efectivo."(현금으로 지불해주셨으면 하고 바랍니다.) "Quisiera manifestarle mi agradecimiento por haber contestado con tanta prontitud a mi carta en la que solicitaba informes sobre la empresa XX."(XX 사에 대한 정보를 요청한 제 서신에 신속하게 답을 주신데 대해 깊이 감사를 드립니다.)

4. 정형화된 정중한 문구

"Haga el favor de hacerme la reservación de una mesa para cuatro personas."(네 사람이 앉을 테이블을 하나 예약하고자 합니다.)

"Sírvase hacer la reservación para el día 17." (17일로 예약하고자 합니다.)

"Le ruego tenga a bien reservarme una habitación con dos camas para el próximo jueves, día 21 del actual."(이달 21일인 다음 주 목요일에 침대 두 개가 있는 방 하나를 예약하고자 합니다.)

2-4. sentir · alegrarse · dudar 류

【예문 173】 { 종속절의 내용에 대한 감정적 반응 }

* 주절의 동사는, 걱정·유감·기쁨·의심 등으로 반응을 나타냄.
* 종속절에서 접속법을 쓰고 있지만 그 내용은 이미 실현된 것이거나 실현되고 있는 일을 포함하는 것에 유의해야 함.

Me alegro de que hayas salido bien en el examen.
네가 시험을 잘 쳤다니 나는 기쁘다.

Ejercicios 연습

1. 우리는 너희들이 잘 있다니 기쁘다. alegrarse de
2. 우리는 너희들이 제 시간에 도착하였다니 기쁘나.
3. 그는 알베르또와 베띠가 결혼한 것을 기뻐했었다.
4. 롤라가 아프다니 나는 마음이 안쓰럽다. sentir
5. 내 말이 그에게 상처를 주어서 미안했나. sentir
6. 당신이 이렇게 빨리 떠나신다니 대단히 섭섭합니다. lamentar
7. 그 아이들이 뭔가 깨지 않을까 걱정스럽다. temer
8. 그녀는 그가 돌아올까봐 두려워하고 있었다. tener miedo de
9. 그가 그렇게 부자일까 의심스럽다. dudar
10. 나는 그들이 살아 있을까 의심스럽다.
11. 시어머니는 우리가 외출하는 것을 못마땅해 하신다.

quejarse de

참조 어휘

1. estar bien
3. que se hubieran casado Alberto y Betty
5. que le hubieran herido mis palabras
7. romper algo
9. ser tan rico
10. estar vivo
11. la suegra, salir

3. 무인칭문에서의 명사절 (1)

【예문 174】 {종속절의 내용을 확인할 때 =직설법}

Es cierto que él es honrado.
그가 정직하다는 건 틀림없다.
{종속절의 내용을 부인할 때 = 접속법}
No es cierto que sea honrado.
그가 정직하다는 건 확실하지 않다.

Ejercicios 연습

1. 그들이 가난한 것은 사실이다. — es verdad
   그러나 굶주린다는 것은 사실이 아니다.
2. 어머니가 내일 오시는 건 확실하다. — es seguro
   그러나 아버지가 오시는 건 확실하지 않다.
3. 지구가 움직인다는 것은 분명하다. — está claro
   그러나 우주 전체가 움직인다는 것은 분명하지 않다.
4. 그들은 서로 잘 지내는 것 같다. — parece
   그러나 그들이 사랑하는 사이 같지는 않다. — no parece
5. 그가 그것을 몰랐다는 것은 분명하지만, — es cierto
   그렇다고 해서 용서되는 것은 아니다. 왜냐하면 그가 우리를 위해서 그랬다는 것은 분명하지 않기 때문이다.
6. 유행 학문은 정보공학임이 분명하다. — es evidente
   그러나 다음 세기에도 그러리라는 것은 분명하지 않다.
7. 석유 값이 내리리라는 소문이 돈다. — se rumorea
   그러나 공산품들의 값이 내리리라는 소문은 돌지 않는다.
8. 기차는 아무도 기다려주지 않는다는 것은 잘 알려진 일이다. — es bien sabido
9. 『돈 끼호떼』는 세르반떼스가 남긴 걸작임은 주지의 사실이다.
10. 보세요, 이 생선은 싱싱합니다. — conste que
11. 내가 건강한 게 참 다행이지. — menos mal que

참조 어휘

1. pasar hambre
3. la tierra, moverse, el universo entero
4. llevarse bien, amarse uno al otro
5. que no lo sabía, pero eso no le disculpa, hacerlo por nosotros
6. la ciencia de moda, la tecnología informática, en el siglo venidero
7. el petróleo, los precios de los artículos manufacturados
9. la obra maestra de Cervantes
10. Conste que este pescado es fresco.(* **언제나 3인칭 명령형으로.**)
11. tener buena salud

4. 무인칭문에서의 명사절 (2)

【예문 175】 ≪*ser* +형 / 명 + *que* +접속법≫

* 접속법을 필요로 하는 형용사와 명사들은, 가치 평가나 가능성에 대한 추측, 혹은 감정표현을 통하여 종속절과 긴밀한 연관을 맺는 것임.

Es natural que los coreanos estemos orgullosos de Sechong el Sabio.
우리 한국 사람이 세종대왕을 자랑스러워 하는 것은 당연하다.
Es una lástima que ella se haya roto una pierna.
그녀의 한 쪽 다리가 부러졌다니 참 안됐다.

* ≪estar mal que－≫도 있으며, ser·estar 대신에 parecer를 쓸 수 있다.

Ejercicios 연습

1. 네가 공부하는 것이 필요하다. — es preciso
2. 네가 내 말을 경청하는 것이 필요하다. — es necesario
3. 비행기가 연착할지도 모른다. — es probable
4. 겨울에는 악천후로 항공편이 연착하는 일이 잦다. — es frecuente
5. 네가 그에게 그것을 말하는 것이 낫겠다. — es mejor
6. 그가 우리에게 돈을 되돌려줄까 의심스럽다. — es dudoso
7. 그가 사장님의 고문이라는 것은 거짓말이다. — es mentira

8. 당신이 일어나실 시간입니다. es hora de
9. 네가 화내는 것은 나쁘다. está mal
10. 어렸을 때부터 일찍 일어나는 습관을 들이는 것은 좋은 일 같다. parece bueno
11. 당신들이 그를 기다리게 한 것은 내게 나쁘게 보였소. me pareció mal
12. 가장 재미있는 순간에 불이 나간다는 것은 유감이었다. fue una lástima
13. 호아낀이 수업에 참석하는 것은 가능하지 않았다. no fue posible
14. 경찰이 개입하는 것이 필요했다. fue necesario
15. 정비공이 그 트럭을 두 시간 만에 고친다는 것은 매우 어려운 일이었다. era muy difícil
16. 올해는 비센떼가 공부를 많이 했을 수도 있다. puede ser
17. 아주 평범하고 우아하기까지 한 시계로 보일 수 있습니다만,.. puede

참조 어휘

2. escuchar
3. retrasarse el avión
4. los vuelos, a causa del mal tiempo
6. devolver
7. asesor del presidente
10. acostumbrarse a levantarse temprano desde pequeño
11. hacerle esperar
12. apagarse la luz en el momento más interesante
13. Joaquín, venir a clases
14. intervenir la policía
15. el mecánico, arreglar el camión en dos horas
16. Vicente
17. un reloj de lo más normal y hasta elegante

【예문 176】 *{ basta que－류 }*

Basta que leas el resumen.
자네는 요약을 읽는 것으로 충분하네.

Ejercicios 연습

1. 그들이 제 시간에 도착하는 것이 중요하다. importa que
2. 너는 그에게 빨리 알리는 것이 좋다. conviene que

3. 네가 한번 노력을 해 볼 가치는 있다. vale la pena que
4. 에드문도가 안 올 수도 있다. puede (ser) que
5. 당신은 잠자코 있는 것이 더 낫소. más vale que
6. 당신은 다시는 안 그러겠다고 내게 약속만 하면 되오. basta que
7. 네가 오는 것이 필요하지 않았거든. no hacía falta que

참조 어휘

1. a tiempo	2. avisar	3. hacer un esfuerzo
4. Edmundo	5. callarse	6. prometer no volver a hacer eso

【예문 177】 { 역구조문의 감정동사 }

Me sorprende que digas eso.
네가 그런 말을 하다니 나는 놀랍다.

Ejercicios 연습

1. 나는 그들이 오는 것이 싫다. no me gusta que
2. 우리는 네가 누구에게도 아무 것도 빚진 것이 없다니 무척 기쁘다.
   nos da mucho gusto
3. 네가 오늘 오든 내일 오든 나한테는 마찬가지다.
   me da igual [lo mismo]
4. 네가 허락 없이 차를 쓴 것이 우리는 화가 난다. nos enfada
5. 그 법이 통과되는 것이 우리 중의 누구에게도 적절치 못하다.
   a ninguno de nosotros le conviene
6. 그 아가씨는 길거리에서 그녀에게 농을 거는 것을 지겨워한다.
   a esa chica le fastidia
7. 내가 피아노를 치면 이웃 사람들이 싫어할까?
   ¿les molestará a los vecinos?
8. 내가 피아노를 판 것이 리사에게는 큰 슬픔이었다.
   le dio mucha tristeza
9. 그가 나보다 더 많이 아는 것이 분통이 터진다.
   me da rabia
10. 난 빅또르가 아직 안 온 게 이상해. me extraña

11. 당신이 타고 가는 비행기에 회교도들이 있으면 무서운가요?
le da miedo

참조 어휘

2. no deberle nada a nadie
3. venir hoy o mañana
4. usar sin permiso
5. aprobarse esa ley
6. que le echen piropos por la calle
7. tocar el piano
8. A Lisa le dio
10. Víctor
11. haber musulmanes en el avión en el que Ud. viaja

IV. 종속문이 형용사절인 경우

1. 관계대명사(1) : 직설법

* 선행사가 경험된 대상일 때.

【예문 178】 *{ que : 주격 }*

¿Quién es el joven que vino a verte?
(El joven que vino a verme) es mi amigo Pérez.
너를 만나러 온 그 젊은이는 누구냐? 내 친구 뻬레스야.

Ejercicios 연습

1. 빵집 앞에 있는 처녀는 누구입니까?
(빵집 앞에 있는 처녀는) 제 사촌 누이입니다.
2. 사고를 당한 소년은 누구입니까?
(사고를 당한 소년은) 제 조카입니다.
3. 벽에 걸려 있는 그림은 누구의 그림입니까?
(벽에 걸려 있는 그림은) 피카소의 것입니다.
4. 은행을 턴 청년은 어디에 있습니까?
(은행을 턴 청년은) 감옥에 있습니다.
5. 저 분은 전에는 불교 신자였는데 지금은 가톨릭 인입니다.

6. 이 아이가 어제 왔던 아이와 같은 아이입니다.
7. 내 마음 속에는 세계선수권대회를 석권하는 것 말고는 다른 게 없습니다.

참조 어휘

1. enfrente de la panadería, mi prima
2. tener accidente, mi sobrino
3. ¿de quién es el cuadro?, estar colgado, Picasso
4. asaltar el banco, en la cárcel
5. antes era, ahora es, el católico, el budista
6. éste es el mismo niño
7. en mi mente, otra cosa, ganar el campeonato mundial

☑ 관계대명사의 한정적 용법 / 설명적 용법

관계대명사가 이끄는 절은 선행사(두 문장의 공통적인 요소)를 수식하는데, 이때 콤마가 있고 없음에 따라 한정적 용법과 설명적 용법으로 나눌 수 있다. 한정적 용법은 콤마가 없으며, 선행사의 의미를 구체화시키거나 양적으로 한정한다. 설명적 용법은 콤마가 있으며, 부가적인 의미를 부여한다.

예 1:

El collar que te gusta es muy caro.
네가 좋아하는 그 목걸이는 무척 비싸다.
(*관계대명사절을 앞으로 끌어올려 번역함.)
Ese collar, que me encanta, debe de ser caro.
그 목걸이는 내 맘에 쏙 들지만 비쌀 거야.
(*어순대로 번역함)

예 2:

Los invitados que comieron una tarta en mal estado enfermaron.
상한 케이크를 먹은 손님들은 병이 났다. (손님들 중에서 케이크를 먹은 사람들로 한정함.)
Los invitados, que comieron una tarta en mal estado, enfermaron.
손님들이 상한 케이크를 먹고 병이 났다. (손님들 모두.)

【예문 179】 *{ 사물이 목적격 : que }*

¿Sabes cuándo salió el barco que viste?
Sí, (el barco que vi) salió esta mañana.
네가 본 그 배가 언제 떠났는지 아니? 응, 오늘 아침에 떠났어.

Ejercicios 연습

1. 당신이 구입한 집은 도시의 어느 지역에 있습니까?
   (제가 구입한 집은) 산 베르나르디노 주택지구에 있습니다.
2. 몇 시에 안또니오는 집 앞을 지나는 지하철을 탑니까?
   8시 반에 (안또니오는 집 앞을 지나는 지하철을) 탑니다.
3. 당신이 갖고 있는 볼펜은 무슨 색입니까?
   (제가 갖고 있는 볼펜은) 검정색입니다.
4. 네가 산 복권은 당첨되었니?
   아니, (내가 산 복권은) 당첨되지 않았어.
5. 내가 너에게 빌려준 돈을 돌려다오.

참조 어휘

1. ¿en qué parte de la ciudad? la Urbanización San Bernardino
2. ¿a qué hora toma? el metro que pasa
3. ¿de qué color es el bolígrafo?
4. ¿te ha tocado la lotería?

속담

Barco que mandan muchos pilotos, pronto se va a pique.
배에 사공이 많으면 곧 가라앉는다. 사공이 많으면 배가 산으로 간다.

【예문 180】 *{ 사람이 목적격 : **que, al que, a la que, a los que, a las que, al cual, a la cual, a los cuales, a quien, etc.** }*

¿Quién es el señor al que diste el paquete?
네가 그 상자를 드린 분은 누구시냐?

Ejercicios 연습

1. 네가 때린 아이는 몇 층에 사니?
   (제가 때린 아이는) 505호에 살아요.
2. 자네가 캐러멜 과자를 사 준 아이는 누구인가?
   (내가 캐러멜 과자를 사 준 아이는) 내 아들일세.
3. 네가 꽃을 선물한 여자는 누구냐?
   (내가 꽃을 선물한 여자는) 친구이다.
4. 내가 보고 싶어 하는 사람은 마리오이지 마리아가 아니다.

5. 당신이 초대한 사람들은 내 맘에 안 든다.

참조 어휘

1. ¿en qué piso? pegar
2. el caramelo; el turrón
3. regalar
4. no es - sino - a quien deseo ver.
5. no me gustan las personas a quienes invitaste.

【예문 181】 { 전치사의 목적격 }

* **형식은** ≪**전치사** + **정관사** + que / cual(es) / quien(es)≫

Visitaré la casa en la cual [en (la) que] nació Simón Bolívar.
나는 시몬 볼리바르가 태어난 집을 방문할 것이다.
La chica con quien [con la cual, con la que] salgo es morena.
내가 데이트하는 여자는 가무잡잡하다.

Ejercicios 연습

1. 나는 네가 말하던 그 책을 샀다.
2. 우리가 잘 다니는 디스코텍은 시내 중심부에 있다.
3. 우리는 혀가 있는데 그것으로 말을 할 수가 있는 것이다.
4. 그가 물어 보던 그 처녀를 자네는 아는가?
5. 호세는 내가 유일하게 신뢰하는 사람이다.

***열쇠 전치사**: 1. hablar de 2. soler ir a 3. hablar con
4. preguntar por 5. tener confianza en

참조 어휘

2. la discoteca, el centro
3. la lengua
4. conocer a la joven
5. José es la única persona - .

☑ 전치사의 목적격 익히기

¿Conoces a la chica 그 소녀[여자]를 너는 아는가
a quien le di el libro? 내가 책을 준
con quien voy a salir? 내가 데이트하려고 하는
de quien recibí el paquete? 그로부터 꾸러미를 받은
en quien estoy pensando? 내가 생각하고 있는
para quien hice el favor? 내가 호의를 베푼
por quien preguntaba él? 그가 묻던

[예문 182] { 선행사 내장형 }

Quien [El que, La que] vendió más es Mario / María.
가장 많이 판 사람은 마리오 / 마리아이다.
Quienes [Los que, Las que] sabían la verdad ya se murieron.
진실을 알고 있던 사람들은 이미 죽었다.

Ejercicios 연습

1. 주의를 기울였던 사람은 더 많이 배웠다.
2. 요리를 잘 하는 사람은 끌라라이다.
3. 항의하고 있던 사람들은 실업자들이었다.
4. 겁을 내고 있는 사람들은 그들이다.

참조 어휘

1. poner atención, aprender más
2. cocinar
3. protestar, los parados(Sp) / los desempleados(LA)
4. tener miedo

속담

1. Quien canta, sus males espanta.
2. Quien al cielo escupe, en su cara repercute.
3. Quien pregunta, no yerra.
4. Quien siembra vientos, recoge tempestades.
5. Quien mucho abarca, poco aprieta.

6. Más hace el que quiere que no el que puede.

1. 노래하는 사람은 불행을 쫓아낸다.
2. 누워서 침 뱉기
3. 묻는 사람은 실수가 없다. 아는 길도 물어가라.
4. 바람을 심는 자는 태풍을 거둔다. 자업자득
5. 많이 쥐면 꽉 조일 수 없다. 일을 많이 벌이면 잘 할 수 없다.
6. 뜻이 있는 자가 재주 있는 자보다 낫다.

【예문 183】 *{ lo que }*

* 선행사 내장형의 일종으로서, 선행사는 표현되지 않은 개념이나, 앞에 있는 문장 전체가 된다.

No comprendo lo que dices tú.
나는 네가 말하는 것을 이해할 수가 없다.
Me dijo que llegaba tarde, lo que [lo cual] me disgustó.
그는 늦게 온다고 말했는데, 그것이 나를 불쾌하게 했다.

Ejercicios 연습

1. 이것이 내가 필요로 하는 것이다.
2. 나는 네가 말하는 것에 동감이다.
3. 나는 그가 무엇을 하는지 모른다.
4. 나는 네가 왜 그러는지 이해할 수가 없다.
5. 언젠가는 네가 구하는 것을 찾을 수 있을 것이다.
6. 내가 네게 말하려고 하는 걸 잘 들어 봐.
7. 네가 가장 좋았던 것은 무엇이었지?
8. 어찌 된 것인가 하면 고속도로에서 하마터면 충돌할 뻔 했어.
9. 마르띤은 너무 게으른데, 그것이 그의 가족을 걱정시킨다.
10. 너는 시험공부를 거의 하지 않았는데, 그것은 결과가 좋지 않으리라는 것을 뜻한다.

참조 어휘

1. esto, necesitar
2. estar de acuerdo con
4. lo que te pasa (= qué te pasa)
5. buscar, encontrar algún día
6. fijarse en, decir.
7. lo que más te gustó
8. lo que pasó es que por poco choco con otro coche en la autopista.(* por poco : **하마터면. 이때 보통 현재형을 쓴다.**)
9. Martín, lo que le preocupa a su familia
10. estudiar poco para el examen, querer decir, salir bien

☑ 절의 비교

a. La editorial me mandó más libros de los que pedí.
그 출판사는 내가 주문한 것보다 더 많은 책들을 보내왔다.

b. El regalo era mejor de lo que creía.
선물은 생각했던 것보다 더 좋았다.
Tengo menos dinero de lo que pensaba.
나는 생각했던 것보다 돈을 적게 갖고 있다.
Habla menos de lo que sabes.
네가 알고 있는 것보다 적게 말하라.

속담

Lo que mal empieza, mal acaba.
시작이 나쁘면 끝도 나쁘다.
No es oro todo lo que reluce.
반짝인다고 다 금은 아니다. 빛 좋은 개살구.

2. 관계대명사(2) : 접속법

* 화자 입장에서 선행사가 경험되지 않은 대상일 때.
* 우리말로는 접속법이 잘 표현되지 않으므로 주의해야 한다.

[예문 184] *{ que }*

Busco un abogado que hable coreano.
한국말을 하는 변호사를 한 사람 찾고 있다.
Cuéntanos cosas que hayas visto en el circo.
네가 서커스에서 본 것들을 우리에게 얘기해 다오.

Ejercicios 연습

1. 나는 너무 비싸지 않은 귀고리를 사고 싶다.
2. 나는 재미있는 소설책을 한 권 찾고 있다.
3. 나는 손으로 자수를 놓을 줄 아는 여자를 한 사람 찾고 있다.
4. 우리가 할 수 있는 일은 아무 것도 없었다.
5. 당신이 아는 스페인어 사용국들의 이름을 대어 보시오.
6. 당신 마음에 드는 어떤 것이든 고르시오.

참조 어휘

1. unos aretes que no cuesten mucho
2. ser interesante
3. bordar a mano
4. no había nada que
5. nómbreme algunos países de habla castellana que conozca
6. escoger cualquier cosa

[예문 185] *{ quien, el que }*

Que lo diga quien lo sepa. 그것을 아는 사람은 말해 보시요.
Premiaremos al que gane. 이기는 사람에게 상을 주겠습니다.

Ejercicios 연습

1. 이해를 하지 못한 사람은 손을 드세요.
2. 펠리뻬가 결혼할 여자는 요리를 잘 할 줄 알아야 한다.
3. 나는 괜찮을 듯싶은 사람에게 그것을 말하겠다.
4. 참석하고 싶은 사람들은 여기 이름을 쓰십시오.
5. 이번 주 시간외 근로를 한 사람들에게 회사는 두 배로 지급할 것이다.

6. 이 레코드판들 중 하나를 내게 선사할래?
   좋아, 가장 네 마음에 드는 것을 선사하지.

참조 어휘

1. quien no haya entendido
2. con quien se case Felipe
3. a quien me parezca bien
4. asistir
5. pagar el doble, trabajar tiempo extra esta semana
6. discos, el que te guste más, regalar

【예문 186】 *{ lo que, cuanto }*

* 이 때의 cuanto는 수량 관계대명사로 예문 188의 수량관계형용사와 구별해야 함.

Haz lo que diga yo.
내가 말하는 것을 너는 해라.
Le daré a Ud. cuanto(=todo lo que) necesite.
당신에게 필요한 모든 것을 드리겠소.

Ejercicios 연습

1. 네가 원하는 것을 내가 주마.
2. 네게 필요한 것을 사려무나.
3. 내가 할 수 있을 일을 하겠다.
4. 당신이 나와 결혼하면, 당신이 원하는 걸 모두 하겠소.

속담

No hay mal que dure cien años.
백년 가는 불행은 없다. 쥐구멍에도 볕들 날 있다.
No hay mal que por bien no venga.
복이 되지 않을 불행은 없다. 전화위복

3. 관계형용사

* 관계형용사(adjetivo relativo)는 접속사와 형용사의 역할을 하는 것으로, 선행사와는 관계없이 수식하는 명사의 성과 수에 일치한다.

【예문 187】 소유 관계형용사 : *{ cuyo, cuya, cuyos, cuyas }*

En un lugar de la Mancha, de cuyo nombre no quiero acordarme, no ha mucho tiempo que vivía un hidalgo...
라만차의 어느 마을에, 그 마을 이름은 기억하고 싶지 않지만, 그리 오래 되기 전 한 양반이 살고 있었으니... (『돈키호테』 1편 1장 첫머리)

Ejercicios 연습

1. 조그만 마을인데, 나는 그 이름은 잊었다.
2. 이사벨은 어머니가 편찮으신데 내 여자 친구이다.
3. 그녀는 그 소설책을 갖고 있는데 그 작가에 대해서 네가 내게 말했지.
4. 그 상인의 정원들을 방금 우리가 방문했는데, 그는 엄청난 부자다.
5. 제가 당신에게 그의 조카를 소개한 신사는 아버지 친구입니다.

참조 어휘

1. pueblo, olvidar
2. enferma
3. autor
4. el comerciante, jardín, excesivamente rico
5. el caballero, sobrina, presentar

【예문 188】 수량 관계형용사 : *{ cuanto, cuanta, cuantos, cuantas }*

* 선행사와는 관계없이 수식하는 명사의 성과 수에 일치한다.

Ella me dio cuantos libros tenía.
그녀는 갖고 있던 모든 책을 내게 주었다.

Ejercicios 연습

1. 내가 갖고 있는 모든 책을 팔고 싶습니다.
2. 나는 가지고 있던 모든 돈을 저금했다.

참조 어휘

2. ahorrar

4. 관계부사절에서의 직설법과 접속법

* 관계부사(adverbio relativo)는 접속사와 부사의 역할을 하며, 선행사는 부사 · 부사구 · 명사 때로는 현재분사가 된다.

【예문 189】 *(1)* 직설법

¿Te sientas siempre aquí?
너는 항상 여기 앉니?
Sí, aquí es donde me siento.
응, 여기가 내가 앉는 곳이야.
¿Cuándo operaron a Rosa?
로사는 언제 수술했지?
Fue anteayer cuando la operaron.
그녀를 수술한 때는 그저께였어.
Te diré la manera como me salvé.
내가 어떻게 살아났는지 그 방법을 네게 말해 주마.

Ejercicios 연습

1. 여기가 사고가 일어난 곳입니다.
2. 우리들이 파리에 도착했을 때는 이미 밤이었다.
3. 나는 네가 말하는 방식이 마음에 든다.

참조 어휘

1. ocurrir el accidente
2. ser de noche, París
3. el modo como hablas

** 참고 **

때를 나타내는 명사를 선행사로 받으면 en que를 사용하며, 부사구를 만드는 명사를 받을 때는 que를 쓴다.

1. Llegó un día en que sobrevino tremendo infortunio para esa familia.
   그 가정에 무서운 불행이 닥친 날이 왔다.
2. Era la primera vez que ella había visto un espejo.
   그 여자가 거울을 본 것은 처음이었다.

【예문 190】 *(2)* 접속법

Hágalo como quiera.
그것은 당신이 원하는 대로 하시요.
Ayúdame cuando tengas tiempo.
너는 시간이 있을 때 나를 도와 줘.

Ejercicios 연습

1. 네가 나에게 말하는 대로 그것을 하겠다.
2. 내가 필요할 때는 나를 부르렴.
3. 가능할 때 제게 차를 빌려 주세요.
4. 의문이 있을 때는 내게 질문들을 하시요.

참조 어휘

3. prestar, cuando pueda 4. que me pregunten, tener dudas

속담

Donde menos se piensa, salta la liebre.
생각하지 못한 데서 토끼가 튀어나온다. 인생은 예측불허.
Donde las dan, las toman.
준 대로 받는 법이다. 인과응보..
Donde hay patrón, no manda marinero.
선주가 있는 곳에서 뱃사람이 큰소리치랴. 장유유서.

V. 독립문에서의 접속법

【예문 191】 *{ Ojalá }*

a. Ojalá (que) me <u>toque</u> la lotería.
복권아, 당첨되어라!

b. Ojalá (que) me <u>haya tocado</u> la lotería.
복권아, 당첨됐어라!

c. Ojalá (que) que me <u>tocara</u> la lotería.
복권이 당첨된다면 얼마나 좋을까만은!

d. Ojalá (que) me <u>hubiera tocado</u> la lotería.
복권이 당첨되었다면 얼마나 좋을까!

* *a, b)*는 가능성이 있다고 보는 것이고, *c)*는 가능성이 희박하다고 본 것이며, *d)*에서는 이루어지지 않은 일에 대한 한탄임.

Ejercicios 연습

1. 가방들은 많고 차는 작구나. 다 들어가면 좋겠는데!
2. 가방들이 차에 다 들어가는지 보려고 애들이 조금 전에 나갔다. 다 들어갔으면 좋겠는데!
3. 가방 중의 하나가 차에 안 들어간다. 다 들어가면 얼마나 좋으랴!
4. 다른 옷가지들은 차에 안 들어갔다. 들어갔으면 얼마나 좋았으랴!
5. 아버지가 내게 돈을 보내겠다고 하셨다. 빨리 보내 주시면 좋겠는데!
6. 어제 시험은 매우 어려웠다. 시험을 잘 치렀으면 좋겠는데!
7. 이제 겨우 세 시다. 지금이 다섯 시라면 얼마나 좋을까!
8. 그가 그것을 이미 말했다. 그가 그것을 말하지 않았다면 얼마나 좋으랴!

참조 어휘

1. Son muchas las maletas y el coche es muy chico. ¡Ojalá que quepan todas!
2. Los muchachos se llevaron las maletas hace un rato para ver si cabían en el coche.
3. no cabe
4. los otros vestidos no cupieron,
6. el examen de ayer estuvo muy difícil,
7. apenas son las tres,
8. ya lo dijo

【예문 192】 *{ Qué gusto, (Qué) lástima }*

¡Qué gusto que ya estés bien! 네가 좋아진 것을 보니 참 기쁘다.
¡Qué gusto que ya te hayas aliviado! 〃
¡Qué gusto que ya estuvieras bien! 네가 좋아져서 참 기뻤다.
¡Qué gusto que ya te hubieras aliviado! 〃

¡Lástima que ya termine la primavera!
봄이 벌써 끝나니 유감이로구나.
¡Qué lástima que no hayas podido venir!
네가 오질 못해 참 유감이다.
¡Qué pena que estuvieras enfermo todavía!
네가 아직도 아프다면 참 안됐을 뻔 했다.
¡Qué pena que no te hubieras aliviado todavía!
네가 아직도 안 나았다면 참 안됐을 뻔 했다.

Ejercicios 연습

1. 네가 합격한 것을 보니 기쁘다. / 네가 합격해서 기뻤다.
2. 네가 장학금을 못 타서 유감이로구나.
3. 네가 직장을 못 구했더라면 참 안 됐을 뻔 했다.

참조 어휘

1. aprobar
2. recibir la beca
3. conseguir trabajo

** 참고 **

가정법 과거완료의 조건절만으로 '한탄'을 나타내기도 한다:

Hubiera tomado la clase de guitarra.
기타 수업을 들었더라면 좋았을 것을!
Me hubieras llamado ayer.
어제 내게 전화했으면 좋았을 것을!

♠ Chiste : Galantería

- Es Ud. muy guapa, Marisa.
- ¡Qué pena que yo no pueda decirle a Ud. lo mismo!
- Haga como yo : no diga la verdad.

(조크 : 여자에게 상냥하기 -
"마리사 양, 당신은 정말 예쁩니다."
"그런데 저는 당신에게 같은 말을 해드릴 수 없으니 어쩌죠!"
"저처럼 진실을 말하지 않으면 됩니다.")

【예문 193】 *{ Que – }*

Que Dios le bendiga. 하나님이 당신에게 복 주시길 빕니다.
Que descanse en paz. 영면하소서.

Ejercicios 연습

1. 철수야, 행운을 빈다! tener suerte
2. 좋은 여행이 되길 빕니다! tener buen viaje
3. 푹 주무십시오! dormir bien
4. 많이 즐기길 바래! divertirse mucho
5. 너 손 더럽히지 마라! ensuciarse las manos
6. 나를 가만히들 두시요! dejar en paz
7. 모든 것이 그렇게 쉽다면 좋으련만! todo fuera tan -
8. 그가 버는 만큼 벌 수 있다면! ganara yo lo que gana
9. 다시는 그런 짓 하지 마라, 안 그랬다간..! no volver a hacer, si no..

* **기원** : (1) - (4) / **명령** : (5),(6) / **가정법과거** : (7),(8) / **위협** : (9)

【예문 194】 ***{ Quizá(s), Acaso, Tal vez, Posiblemente }***

* 대체로 문장의 첫머리에 올 때 접속법을 쓰고, 동사 뒤에 오면 직설법을 쓴다.

Quizás vayamos esta tarde a tu casa.
어쩌면 오후에 너의 집에 우리가 갈지도 모르겠다.

Ejercicios 연습

1. 아마 그들이 이곳에 살고 있지 않을까.
2. 내가 시험들을 통과한 것을 어쩌면 네가 이미 알지도 모르겠다.
3. 기예르모가 어제 안 왔다. 혹시 아프지나 않았는지 모르겠다.

참조 어휘

2. tal vez ya sepas, aprobar los exámenes
3. Guillermo, quizá haya estado enfermo (cf. quizá estuvo enfermo.)

☑ 라틴 명곡 "Quizás, Quizás, Quizás" (canción popular escrita en 1947 por el compositor cubano Osvaldo Farrés)

Siempre que te pregunto
Que, cuándo, cómo y dónde
Tú siempre me respondes
Quizás, quizás, quizás

Y así pasan los días
Y yo, desesperando
Y tú, tú contestando
Quizás, quizás, quizás

Estás perdiendo el tiempo
Pensando, pensando
Por lo que más tú quieras
¿Hasta cuándo? ¿Hasta cuándo?

Y así pasan los días
Y yo, desesperando
Y tú, tú contestando
Quizás, quizás, quizás

Estás perdiendo el tiempo
Pensando, pensando
Por lo que más tú quieras

¿Hasta cuándo? ¿Hasta cuándo?

Y así pasan los días
Y yo, desesperando
Y tú, tú contestando
Quizás, quizás, quizás

부록

부록 1. 새 스페인어 철자법 및 문법
부록 2. 편지에 쓰는 기본문구
부록 3. 유용한 어휘 모음
부록 4. 연습문제 모범답안
부록 5. 스페인어의 동사변화

부록 1. 새 스페인어 철자법 및 문법

언어는 끊임없이 변하고, 그에 따라 규범도 변한다. 왕립스페인어학회(Real Academia Española) 외 21국의 스페인어학회연합은 2010.12.17에 새로운 스페인어 철자법을 발표하였다. 형태론과 구문론에 있어서는 2009년판 Nueva gramática de la lengua española (NGLE, 2009)이 새로운 규범을 담고 있다. 다음은 Leonardo Gómez Torrego가 정리한 자료(Ediciones SM, 2011)를 간추린 것이다.

A. 철자법(Ortografía)

1. **알파벳 y의 명칭**: ye

   * 단, 이것은 권장사항으로서 이제껏 사용해오던 대로 *ye* 혹은 *i griega*를 선택할 수 있음.

2. b, v, w **의 명칭**: be, uve, uve doble

   * 단, 이것은 권장사항으로서 이제껏 사용해오던 대로 *be alta, be larga / ve baja, ve corta, ve chica / ve doble, doble ve, doble u*를 선택할 수 있음.

3. **알파벳에서** ch [che], ll [elle] **삭제함**.

   * ch, ll는 각각 단일 음소를 가진 두 글자 조합으로 간주함.

4. **부사** sólo**에서 악센트 부호 삭제**

   * '혼자서'는 solo, '단지'의 뜻일 때 sólo로 표기하였으나, 이제는 간명하게 표기를 단일화하였으므로 문맥에 의해서 구별하거나, solamente 혹은 únicamente를 써서 모호성을 해결함.

   예: José lee solo por las noches. 호세는 밤이면 혼자서 책을 읽는다.
   José lee solamente por las noches. 호세는 밤에만 책을 읽는다.

5. **지시대명사** éste, ésta, éstos, éstas/ ése, ésa, ésos, ésas/ aquél, aquélla, aquéllos, aquéllas**에서 악센트 부호 삭제함**.

* 악센트 부호를 붙임으로써 지시대명사를 지시형용사와 구별하였으나, 이제는 문맥에 의해서만 구별하도록 함.

6. **단음절어** guión, ión, truhán **등에서 악센트 부호 삭제함.**

* 이중모음 및 삼중모음에 해당하는 동사변화형 lié, lió, pié, pió, fié, fió, crié, crió, guié, guió, rió, frió, huí, huís, fluí, fluís, fruí, fruís / guiéis, guiáis, liéis, liáis, piéis, piáis, fiéis, fiáis, criéis, criáis, riáis, friáis 에서도 악센트 부호 삭제함.

* 약모음에 악센트가 있어 모음이 분립하는 hiato의 경우에는 악센트 부호가 유지됨: guíe, guías, guía, guío, lías, lía, fíe, fío, píe, pío, río, frío, etc.

7. **접속사** o**가 숫자 사이에 올 때** ó**로 하던 것을 폐지함.**

예: 60 o 70.

8. **고위 직함이나 직책을 나타낼 때** el Rey, el Papa, el Presidente, el Ministro **등처럼 대문자로 시작하던 것을 소문자로 바꿈.**

예: El rey Arturo / El presidente Chávez se dirigió a todos los ciudadanos.

9. **지명을 나타낼 때 대문자로 시작하던 것(예:** Península Ibérica)**을 소문자로 적음.**

예: península ibérica, cordillera andina, islas británicas.

* **단, 환칭**(antonomasia)**일 때는 여전히 대문자 사용함.**

예: el Golfo(가령, 멕시코 만에 대한 환칭으로서), la Península(가령, 이베리아 반도에 대한 환칭으로서.)

10. **띄어 쓰던 접두사** ex**를 붙여 씀.**

예: exalumno, exmarido, exministro, exempresa, exequipo, exjugador.

* **단, 합성어 앞에 붙을 때는 띄어 씀.**

예: ex alto cargo, ex número uno, ex primer ministro.

11. **삼십 이상 백 이하의 기수에서도** 16(dieciséis)**에서** 29(veintinueve)**까지처럼 붙여 쓸 수 있음.**

예: treinta y cuatro 혹은 treintaicuatro / cincuenta y dos 혹은 cincuentaidós.

12. 띄어 쓰던 긴 이름(예: José Luis, María Ángeles, José Ángel, Ángel María, Juan Pablo, José Emilio)을 다음과 같이 변형을 가하여 한 이름으로 붙여 쓸 수 있음.

예: Joseluís, Mariángeles, Joseángel, Angelmaría, Juampablo, Josemilio.

B. 형태론(Morfología)

1. 직업 혹은 직책을 나타내는 여성명사

(a) -o로 끝나는 남성명사는 -a로 바꾼다.

예: médica, abogada, ingeniera, catedrática, técnica, arquitecta, ministra, bióloga, mandataria.

* 단, 군사 및 준군사 용어, 줄임말, 일부 음악용어는 예외로 한다:

- la soldado, la cabo, la sargento.
- la piloto, la copiloto, la sobrecargo.
- la fisio (de la fisioterapeuta), la otorrino (de la otorrinolaringóloga).
- la contralto, la soprano, la contrabajo.

(b) -or, -ón, -án, -ín, -és로 끝나는 남성명사 및 형용사도 -a로 바꾼다.

예: doctora, campeona, sultana, feligresa.

* 직업 혹은 직책과 관련된 것이 아닌 경우에도 이 원칙을 적용한다.

예: peatona, andarina, tutora, truhana.

* 단, 다음과 같은 예외를 둔다:

- actriz(여배우), directriz(지침) / actora(여자 원고), directora(여 감독·국장·교장)
- la capitán(여군 대위, 여 선장) / la capitana(기함, 여성 대장, capitán의 아내)
- baronesa (barón의 아내, 즉 남작부인)
- el/la fan(팬, 즉 애호가)

(c) -o 외의 모음으로 끝나는 남성명사인 경우에는 관사만 바꾼다.

예: la agente, la comandante, la guardia, la periodista, la detective, la monarca, la policía, la fisioterapeuta.

*** 단, 다음과 같은 예외를 둔다:**

- la jefe / jefa, la presidente / presidenta, la cliente / clienta, la dependiente / dependienta.
- alcaldesa, condesa, duquesa.
- la sacerdote / sacerdotisa
- la poetisa / poeta
- la asistenta(파출부) / la asistente(여성 조력자) *la asistenta social 여성 사회복지사
- la gobernanta(호텔 객실담당자), la regenta(학원 여교사) / la gobernante(여통치자), la regente(여 섭정자)

(d) 자음으로 끝나는 남성명사는 관사만 바꾼다.

예: la barman, la canceller, la mandamás, la portavoz.

***단, 다음과 같은 예외를 둔다:**

- 위의 (b)에 언급한 것처럼 -or, -ón, -án, -ín, -és 로 끝나는 명사.
- 두 형태가 있는 경우: la líder / lideresa, la cónsul / consulesa, la juglar / juglaresa, la chófer / choferesa, la juez / jueza, la aprendiz / aprendiza, la edil / edila, la concejal / concejala, la bedel / bedela, la fiscal / fiscala.

2. 주의해야 할 복수형

(a) -y로 끝나는 외래어의 복수형은 -y를 -i로 바꾼 다음에 -s를 덧붙인다.

예: penalty > penaltis, panty > pantis, hippy > jipis, punky > punkis, whisky > güisquis o wiskis, curry > curris, jersey > jerseis, gay > gais.

(b) -i로 끝나는 이태리어는 -s를 붙여 복수형을 만든다.

예: espagueti > espaguetis, confeti > confetis, paparazi > paparazis, grafiti > grafitis.

(c) -l, -n, -r, -d, -z 외의 자음으로 끝나는 명사 및 형용사는 -s를 붙여 복수형을 만든다.

예: airbags, chips, cómics, webs, módems, robots, chats, récords, cracs, déficits, cuórums.

* 단, 다음과 같은 것은 예외로 한다: álbum > álbumes, imam > imames, imán > imanes, sándwich > sándwiches, el / los test, el / los kibutz, clubs / clubes, videoclubs / videoclubes, cineclubs / cineclubes, aeroclubs / aeroclubes.

(d) 끝 음절에 악센트가 오지 않고 -s, -x로 끝나는 말은 단수와 복수형이 같다.

예: la / las dosis, la / las síntesis, la / las tesis, el / los clímax, el / los tórax, el / los biceps, el / los fórceps, el / los estatus, el / los corpus, el / los ictus, el / los campus, el / los lapsus.

(e) 라틴어 합성어는 변형 없이 그대로 복수형이 된다.

예: el / los alter ego, el / los status quo, el / los curriculum vitae, el / los modus operandi.

3. 일부 절대 최상급에서 라틴어형뿐만 아니라 이중모음형도 인정한다.

예: fortísimo / fuertísimo, bonísimo / buenísimo, certísimo / ciertísimo, recentísimo / recientísimo, valentísimo / valientísimo, novísimo / nuevísimo, grosísimo / gruesísimo, calentísimo / calientísimo.

* 단, corriente의 절대 최상급은 corrientísimo 뿐이며, 참고로 nuevísimo는 '마치 개시도 안 한 것처럼'의 뜻으로, 그리고 novísimo는 '아주 최근의' 뜻으로 쓴다.

예: Esta chaqueta está nuevísima. 이 옷옷은 한 번도 안 입은 것 같이 새 것이구나.
Es una noticia novísima. 아주 새로운 소식이다.

4. 비교의 대상이 있을 때 más mayor **는 허용되지 않으나 다음과 같은 경우에는 정확한 표현이다:**

Cuando sea más mayor iré al colegio. 나는 몇 살 더 먹으면 학교에 갈 거예요.

* **참고로, 다음과 같은 표현도 있다:**

los más mayores 연세가 지긋하신 분들.

Tu padre está tan mayor que le cuesta andar.
자네 부친은 이제 연로하셔서 걷기가 힘이 드시는군.

Tu padre ya es(está) muy mayor. 자네 부친은 이제 연세가 무척 많으시군.

5. -guar**로 끝나는 동사는 이중모음을 유지하나,** -cuar**로 끝나는 동사는 이중모음형**(diptongo)**과 모음분립형**(hiato)**을 다 인정한다.**

예: averiguo, averiguas.. ; adecuo / adecúo, evacuas / evacúas, licua / licúa.

6. **동사** agredir, transgredir, abolir, compungir, desabrir**는 이제 불구동사가 아니므로 인칭변화를 자유롭게 할 수 있다.**

예: agredo, agredes, agrede, agreda.. ; abolo, aboles, abole, abola..

7. **아르헨티나 등지에서** tú **대신 사용하는** vos, **즉** el voseo**는 교양 있는 표준어법이 아니었으나 이제는 그 동사변화와 함께 교양 있는 표준어로 인정한다.**

예: vos cantás 너는 노래한다, vos ponés 너는 놓는다,
vos decís 너는 말한다, vos sos 너는 ..이다,
cantá vos 너 노래해라, decí vos 너 말해봐,
marchate vos 너 가봐라.

C. 구문론(Sintaxis)

1. **복합 전치사** a por**는 중남미에서 쓰지 않지만 스페인에서 쓸 수 있는 표현으로 인정한다.**

예: Voy a por el periódico. / Voy por el periódico.

2. **추측의 뜻으로 쓸 때** <deber + **동사원형**> **만으로 쓰는 것을 허용한다.**

예: Deben de ser las tres / Deben ser las tres. 틀림없이 세 시쯤 되었을 거야.
Debe de haber llovido / Debe haber llovido. 비가 온 게 틀림없어.

3. **위치의 부사는 전치사** de **와 보어로 연결되는 것이 표준 용법이지만(예:** delante de mí), **소유대명사를 포함할 수 있으며 이를 구어체로 인정한다.**

예: delante mío, detrás suyo, encima nuestro, debajo tuyo, cerca vuestro, lejos mío,..

* 참고로, 명사를 중심으로 이루어진 부사어구 혹은 전치사어구는 de + 보어로 하던, 소유대명사를 포함하던 다 정상적인 표현이다: al lado de mí / al lado mío / a mi lado, a pesar de nosotros / a pesar nuestro / a nuestro pesar, de parte de ti / de parte tuya / de tu parte, en contra de él(ella, ellos, ellas) / en contra suya / en su contra

* 부사 alrededor는 예외적으로 위처럼 표현할 수 있다: alrededor mío / a mi alrededor / alrededor de mí

4. 동사 quedar는 소유의 뜻으로 쓸 때 재귀대명사와 전치사 con을 필요로 했으나, 이제는 구어체에서 apropiarse와 마찬가지로 con 없이 타동사적으로 쓸 수 있다.

   예: Me quedo (con) tus apuntes. Se quedó (con) mi coche.

5. 재귀 동사 incautarse는 항상 재귀대명사를 붙이고 전치사 de를 필요로 했으나, 이제는 보통의 타동사처럼 재귀대명사와 de 없이 쓸 수 있다.

   예: La policía se incautó de varios kilos de cocaína. / La policía incautó varios kilos de cocaína. / Varios kilos de cocaína fueron incautados por la policía.

6. 동사 jugar 는 운동을 가리킬 때 <a +정관사>가 필요했지만(예: jugar al tenis), 이제 중남미에서는 타동사로 쓰는 것을 허용한다.

   예: jugar tenis, jugar fútbol.

7. 동사 contactar는 타동사였고 여전히 중남미에서는 그렇게 쓰고 있으나, 이제 스페인에서는 자동사로도 쓸 수 있다.

   예: No logré contactar a mi hermano. / No logré contactar con mi hermano.

부록 2. 편지에 쓰는 기본문구

A. 기본형식

1. **날짜**: Seúl, 3 de diciembre de 2010
2. **수신인**:

   Librerías Gandhi S.A. de C.V.
   Guadalupe Chimalistac, C.P. 01050
   México, D.F.

3. **서두 인사**:

   Estimados señores :

4. **본문**:

   Les escribo en respuesta al anuncio que apareció en el Diario del Puerto del día 15 del corriente, referente a la oferta de venta del Diccionario de Americanismos por Elpidio Díaz Morfi.

   Les adjunto mi cheque personal por $200.00 por la edición de lujo. Espero que me envíen el pedido cuanto antes, ya que pienso usarlo en la preparación de mi curso de lengua española.

5. **결구 및 작별 인사**:

   En espera de su pronta respuesta, les saludo atentamente,

6. **서명**:

   F. Rodríguez
   Profesor de español

B. 기본문구

대체로 편지글의 형식은 비슷하지만, 내용에 따라 표현은 천차만별이다. 그러나 그중에서도 대표적인 표현법들이 있는데 간단하게 몇 가지만 소개한다.

1. 서두 인사

(1) 가족 · 친구 사이에

Querida mamá / Queridísmos padres / Mi querido Luis

(2) 격식을 갖춰야 할 사이에

Estimado profesor Martínez / Muy señor mío [nuestro]

2. 본문을 시작하는 형식적인 문구(반드시 있어야 할 필요는 없음)

(1) 가족·친구 사이에

¡Hola! ¿Cómo estás?

(2) 격식을 갖춰야 할 사이에

Me es grato avisarles a Uds. ...

Tengo el gusto de comunicarle que ...

Tengo el agrado de dirigirme a Ud. para ...

Con agrado les comunicamos que ...

Acusamos recibo de su grata carta del ...

En contestación a su atenta carta del _ le manifestamos...

3. 작별 인사

(1) 가족·친구 사이에

Un abrazo muy fuerte / Con todo cariño / Con un fuerte abrazo / Hasta la vista y abrazos para todos / Mis recuerdos a la señora, con afectuosos saludos para usted

(2) 격식을 갖춰야 할 사이에

Atentamente / Cordialmente / Les saluda atentamente *자기를 3인칭화하여 / Le agradezco su atención a esta carta y quedo de Ud., Atentamente / Quedo de usted atentamente

부록 3. 유용한 어휘 모음

1. 문구류(artículos de papelería)

책 el libro
사전 el diccionario
공책 el cuaderno, 수첩 la libreta, 다이어리 la agenda
연필 el lápiz, 연필깎이 el sacapuntas
볼펜 el bolígrafo
샤프펜슬 el lapicero, el portaminas
만년필 la pluma fuente, la estilográfica, la pluma estilográfica
잉크 la tinta
종이 la hoja (de papel), A4용지 el folio
휴지통 la papelera
파일 la carpeta, el archivador
칠판 la pizarra, 화이트보드 la pizarra blanca
분필 la tiza, 보드마카 el rotulador
지우개 el borrador, 고무지우개 la goma de borrar
스테이플러 la grapadora
자 la regla
가위 las tijeras
풀 el pegamento
테이프 la cinta adhesiva, la cinta Scotch
붓 el pincel

2. 의복(prendas de vestir)

옷 la ropa [총칭명사]
셔츠 la camisa
넥타이 la corbata
티셔츠 la camiseta
바지 el pantalón, 청바지 los pantalones vaqueros
반바지 el pantalón corto, el calzón
치마 la falda, la pollera(Arg,Uru,Para)
허리띠 el cinturón
블라우스 la blusa
양복 el traje
드레스 el vestido
자켓 la chaqueta
스웨터 el jersey(Sp), el suéter(Am)
외투, 코트 el abrigo, el sobretodo
속옷 la ropa interior
팬츠 unos calzoncillos(남자용), unas bragas(여자용 / Sp), unas pantaletas(여자용 / Am)

브래지어 el sostén, el sujetador(Sp), 거들 la faja, el corsé(코르셋)
속치마 unas enaguas
가운 la bata
수영복 el traje de baño, el bañador(Sp)
트렌치코트 la gabardina, 레인코트 el impermeable
트레이닝복 la sudadera, el chándal(Sp), unos pants
조끼 el chaleco
모자 el sombrero, la gorra(앞 챙만 있는), la boina(베레모), el gorrito(비니)
고깔 la capucha
망토 la capa, el capote
장갑 unos guantes, 벙어리장갑 unos mitones
머플러 la bufanda, 스카프 la bufanda, el pañuelo, 손수건 el pañuelo
스타킹 unas medias, 양말 unos calcetines
구두 unos zapatos, 하이힐 los tacones
실내화 unas zapatillas, unas chancletas
운동화 unos zapatos de lona, 런닝슈즈 unas zapatillas de correr
샌들 unas sandalias
부츠 unas botas, 등산화 las botas de alpinista
핸드백 el bolso, la bolsa(Méx)
지갑 la cartera
지퍼 la cremallera
단추 el botón

3. 음식(alimentos)

조식 el desayuno
점심 la comida(Sp), el almuerzo(Am)
석식 la cena
간식 la merienda
세트메뉴 el menú del día(Sp), la comida corrida(Méx)
뷔페 el bufet

(1) 곡물(cereales)

쌀 el arroz, 밀 el trigo, 옥수수 el maíz, 귀리 la avena, 보리 la cebada, 라이보리 el centeno, 수수 el sorgo, la zahina, 조 el mijo

(2) 야채와 콩류(verduras y legumbres)

상치 la lechuga, 오이 el pepino, 양파 la cebolla, 토마토 el tomate, 당근 la zanahoria, 호박 la calabaza, el calabacín, 가지 la berenjena, 양배추 el repollo, la col, 배추 el repollo chino, la col china, 무 el nabo, 작은 무 el rábano, 시금치 la espinaca, 근대 la acelga, 파 el cebollín, el puerro, 마늘 el ajo, 고추 el chile(Méx), el ají(Arg), la guindilla(Sp), 생강 el jengibre, 아스파라거스 el espárrago, 샐러리 el apio, 사탕무우 la remolacha, 파세리 el perejil, 버섯 el champiñón, la seta, 감자 la patata, la papa(Am),고구마 el camote, 유카 la yuca, 완두 el guisante, la arveja(Arg,Chi,Col), el chícharo(Méx), 가르반소 콩 el garbanzo, 편두 la lenteja, 강낭콩 la habichuela, el frijol, la alubia, la judía(Sp), el porote(Arg), 잠두 el haba, 대두 la soya, la soja(Sp)

(3) 육류(carnes)

소고기 la carne de vaca, la carne de res(Am), 송아지 la ternera, 양 el carnero, 새끼 양 el cordero, 돼지 el cerdo, el cochino, 새끼 돼지 통구이 el cochinillo, 멧돼지 el jabalí, 비프스테이크 el biftec, el bistec, 비프까스 la milanesa, 숯불구이 el asado, 모듬 바비큐 el churrasco, 갈빗살 la chuleta, 등심살 el solomillo, 송아지 간 요리 el hígado de ternera, 양의 골 요리 los sesos de carnero, 소의 혀 la lengua de res, 햄 el jamón, 소시지 la salchicah, 베이컨 el tocino, 큰 소시지 el salchichón, 순대 la morcilla, 돼지소시지 el chorizo

(4) 어패류(pescados y mariscos)

멸치 la anchoa, 오징어 el calamar, 문어 el pulpo, 대구 el bacalao, 연어 el salmón, 정어리 la sardina, 참치 el atún, 넙치 el lenguado, 가자미 la platija, 가오리 la raya, 가물치 el bonito, 도미 el dorado, 청어 el arenque, 메로 el mero, 고등어 la caballa, 복어 el pez globo, 장어 la anguila, 붕어 la carpa, 송어 la trucha, 소라 el caracol, 굴 la ostra, 바지락조개 la almeja, 홍합 el mejillón, 대합 la concha, 전복 el abulón, 게 el cangrejo, 새우 el camarón, la gamba, 가재 la langosta, 철판구이 a la plancha

(5) 가금류(aves)

병아리 el pollo, 암탉 la gallina, 거위 el ganso, 집오리 el pato, 칠면조 el pavo, 통닭구이 el pollo asado, 영계백숙 el pollo estofado, 계란 huevos, 계란프라이 huevos fritos, 삶은 계란 huevos duros, 계란 반숙 huevos pasados por agua, 스크램블 huevos revueltos, 오믈렛 la tortilla

(6) 과일(frutas)

사과 la manzana, 배 la pera, 복숭아 el melocotón, 살구 el albaricoque, 딸기 la fresa, el fresón, 앵두 la cereza, 자두 la ciruela, 포도 las uvas, 건포도 las pasas, 오렌지 la naranja, 밀감 la mandarina, 감 el kaki, 밤 la castaña, 무화과 el higo, 석류 la granada, 대추 el dátil, 호도 la nuez, 수박 la sandía, 멜론 el melón, 파인애플 la piña, 바나나 la banana, el plátano(Sp), el cambur(Ven), 아보카도 el aguacate, 파파야 la papaya, la lechosa(Ven), 구아야바 la guayaba

(7) 음료수(bebidas)

수돗물 el agua del grifo, una jarra de agua, 광천수 el agua mineral, 탄산 광천수 el agua mineral con gas, 녹차 el té verde, 홍차 el té negro, 카밀레 la manzanilla, 블랙커피 el café solo, 밀크커피 el café con leche, 코코아 el chocolate, 리모네이드 la limonada, 탄산음료 la gaseosa, 소오다수 la soda, 맥주 la cerveza, 포도주 el vino, 샴페인 el champán, champaña, 소주 el aguardiente, 과일주 la sidra, 럼 el ron, 데킬라 la tequila, 위스키 el whisky, 술 el licor, 주스 el jugo, el zumo(Sp)

(8) 기타

빵 el pan, 작은 빵 el panecillo, 통밀빵 el pan integral, 샌드위치 el sándwich, 햄버거 la hamburguesa, 핫도그 el perrito caliente, 바게트 la baguette, 케이크 el pastel, 파이 la tarta, 카스텔라 el bizcocho, 추로 el churro, 도넛 el buñuelo, el suspiro de monja, 비스켓 la galleta, 아이스크림 el helado, 플란 el flan, 푸딩 el pudín, 샐러드 la ensalada, 치즈 el queso, 버터 la mantequilla, 잼 la mermelada, 설탕 el azúcar, 꿀 la miel, 소금 la sal, 후추 la pimienta, 식초 el vinagre, 겨자 la mostaza, 육계(계피) la canela, 소스 la salsa, 매운 소스

la salsa picante, 수프 la sopa, 생선 수프 la sopa de pescado, 고깃국, 육수 el caldo

4. 가구, 집기 및 가전제품(muebles, enseres y electrodomésticos)

방 la habitación, el cuarto
문 la puerta
창문 la ventana
벽 la pared
천장 el techo, el cielo raso

(1) 침실(el dormitorio)

침대 la cama, 매트리스(요) el colchón, 베개 la almohada, 시트 la sábana, 담요 la manta, 이불 el edredón, 커튼 la cortina
야간 탁자 la mesilla de noche
옷장 el armario, el ropero
옷걸이 la percha, el perchero
서랍장 la cómoda
장식장 el mueble de salón
스탠드 la lámpara de pie
양탄자 la alfombra

(2) 거실(el salón)

팔걸이의자 el sillón, la butaca
소파 el sofá
텔레비전 la televisión, el televisor, 라디오 la radio
비디오 el vídeo(Sp), el video(Am)
DVD 플레이어 el reproductor de DVD
에어컨 el aire acondicionado, el acondicionador de aire
선풍기 el ventilador
난방 la calefacción, 라디에이터 el radiador, 난로 la estufa
다리미 la plancha, 재봉틀 la máquina de coser,
진공청소기 el aspirador, la aspiradora, 공기청정기 el climatizador

(3) 서재(el estudio)

책상 la mesa de estudio, el escritorio
서랍 el cajón, la gaveta
(굴절) 스탠드 el flexo
의자 la silla
책장, 서가 la estantería

(4) 주방 및 식당(la cocina y el comedor)

식탁 la mesa, 식탁보 el mantel, el cubremesa, 냅킨 la servilleta, 수저세트 la cubertería, 포크 el tenedor, 나이프 el cuchillo, 숟가락 la cuchara, 찻숟가락 la cucharita, 국자 el cucharón, 그릇[총칭] la vajilla, 그릇 la vasija, 컵 el vaso, 찻잔 la taza, 술잔 la copa, 접시 el plato, 쟁반 la bandeja, 냄비 la cacerola, 프라이팬 la sartén, 석쇠 las parrillas, 도마 la tabla (de cortar), 깡통따개 el abrelatas, 병따개 el abrebotellas, 와인따개 el sacacorchos, 방열장갑 la manopla, 믹서기 la batidora, 체 el colador, 앞치마 el delantal, 쓰레기통 el cubo de basura

찬장 el aparador, el escaparate

싱크대 el fregadero, el lavaplatos(Andes, Méx), la pileta(Arg,Uru,Para)

수도꼭지 el grifo

가스레인지 la cocina de gas, 그릴 el horno, 전자레인지 el microondas

세라믹 전기레인지 la vitrocerámica, 인덕션 la inducción

식기세척기 el lavavajillas, el lavaplatos, el friegaplatos, la máquina lavaplatos

냉장고 el frigorífico, el refrigerador, la nevera(Venez,Col), la heladera(Arg,Uru,Para)

세탁기 la lavadora

(5) 화장실(el cuarto de baño, el baño)

거울 el espejo, la luna(체경)

세면대 el lavabo, 비누 el jabón

칫솔 el cepillo de dientes, 전동칫솔 el cepillo eléctrico, 치약 la pasta de dientes

샤워기 la ducha, la regadera(Méx), 샤워젤 el gel de ducha,

샴푸 el champú, 린스 el acondicionador, 드라이기 el secador

욕조 la bañera, 수건 la toalla, 수건걸이 el toallador

양변기 el váter, la taza de váter, el inodoro, 비데 el bidé, 화장지 el papel higiénico

5. 새로운 기술용어(el neologismo tecnológico)

(*아직 스페인어로 정착되지 못한 영어식 표현(Anglicismo)이 많으며, 관사 사용이 혼란스러움.)

정보공학 la informática

정보통신 la telemática

컴퓨터 el ordenador(Sp), la computadora(Am)

노트북 el ordenador portátil, la computadora portátil

하드웨어 el hardware (발음은 [járgüer])

소프트웨어 el softwar (발음은 [sófuer])

운영체제 el sistema operativo

서버 el servidor

하드디스크 el disco duro

외장하드 el disco duro portátil

마더보드 la tarjeta madre, la placa base, la placa madre

모뎀 el módem

인터넷 Internet, el Internet, la Internet

웹 la web

웹사이트, 홈페이지 la página web, el sitio en Internet

블로그 el blog, la bitácora

채팅 el chat, la chat, el foro
채팅하다 chatear
웹 카메라 la cámara web
디지털 카메라 la cámara digital
전자우편, 이메일 el correo electrónico, el e-mail
@ arroba
마우스 el ratón, el mouse
자판 el teclado
모니터 el monitor, la pantalla de computadora
프린터 la impresora
스캐너 el escáner o el scanner
스피커 el altavoz, el parlante(Am)
마이크 el micrófono
이어폰 el auricular, los audífonos
앰프 el amplificador
핸드폰 el (teléfono) móvil, el (teléfono) celular
스마트폰 el teléfono inteligente
태블릿 PC el tablet PC, la tableta
복사기 la fotocopiadora
팩스 el fax
위성 안테나 la antena parabólica
비디오게임 el videojuego 게임기 la consola de videojuegos
CD el disco compacto
DVD DVD(발음은 영어식 혹은 [devede])
USB el lápiz de memoria, el pendrive(Sp, Arg, Venez), la memoria portátil (Col, Hond, Méx, Guat), la llave maya(CR), USB(Perú, Panamá) (발음은 영어식 혹은 [u-ese-ve])
MP3 (발음은 영어식 혹은 [eme-pe-tres])

부록 4. 연습문제 모범답안

제1편 단문과 직설법

I. ser 동사

[예1 연습]

1. -¿Qué es esto? -Es una cafetera.
2. -¿Qué es eso? -Es un teléfono celular.
3. -¿Qué es aquello? -Es una impresora.
4. -¿Qué son estas cosas? -Son piedras preciosas.
5. -¿Qué son esas cosas? -Son electrodomésticos.
6. -¿Qué son aquellas cosas? -Son aceitunas.

[예2 연습]

1. -¿Qué es la paella? -Es un plato español.
   El bocadillo y el gazpacho son también platos españoles.
2. -¿Qué es Acapulco? -Es una ciudad de México.
   Cancún y Veracruz son también ciudades mexicanas.
3. -¿Qué es la papaya? -Es una fruta tropical.
   El plátano y la piña son también frutas tropicales.
4. -¿Qué es la mandolina? -Es un instrumento musical de cuerda.
   La guitarra y el violín son también instrumentos musicales de cuerda.

[예3 연습]

1. -¿Eres alumna? -Sí, soy alumna / No, no soy alumna. [Sí, la soy / No, no la soy.]
2. -¿Es Ud. cocinero? -Sí, soy cocinero / No, no soy cocinero. [Sí, lo soy / No, no lo soy.]
3. -¿Es Laura abogada? -Sí, es abogada / No, no es abogada.
4. -¿Es el señor Mendoza mecánico? -Sí, es mecánico.
5. -¿Son ustedes policías? -Sí, somos policías.

[예4 연습]

1. -¿Es Ud. profesora? -No, soy secretaria.
2. -¿Es Ud. médico/médica? -No, no soy médico/médica sino enfermera.
3. -¿Es Ud. abogado? -No, no soy abogado sino juez.

4. -¿Es aquel empresario? -No, no es empresario sino empleado.
5. -¿Sois católicos? -No, no somos católicos sino evangélicos.

[예5 연습]

1. -¿Quién es Mario? -Es mi amigo.
2. -¿Quién es él? -Es mi profesor de español.
3. -¿Quién es cinturón negro de Taekwondo? -Es Carlos.
4. -¿Quiénes son aquellos señores? -Son mis padres.

[예6 연습]

1. -¿Cuál es tu amiga? -Es Ana María.
2. -¿Cuál es Ana María? -Esta es.
3. -¿Cuál es tu ordenador portátil? -Ese es.
4. -¿Cuáles son mis lápices? -Son aquellos.
5. -¿Cuál es la capital de Chile? -Es Santiago.

[예7 연습]

1. -¿Es largo el puente? -No, es corto.
2. -¿Es estrecha la calle? -No, es ancha.
3. -¿Es cara esta corbata? -No, es barata.
4. -¿Es gorda María? -No, es delgada.
5. -¿Es simpático? -No, es antipático.
6. -¿Es Ud. rico? -No, soy pobre.
7. -¿Es nuevo este coche? -No, es viejo / es de segunda mano.
8. -¿Es plana la Tierra? -No, es redonda.
9. -¿Es Ud. casado? -No, soy soltero.

[예8 연습]

1. -¿Cómo es José? -Es bajo y gordo.
2. -¿Cómo es tu hermana? -Es un poco gorda, y muy alegre.
3. -¿Cómo es Corea? -Es pequeña y hermosa.
4. -¿Cómo es el hotel? -Es pequeño, pero muy moderno.
5. -¿Cómo son los alumnos? -Son diligentes / flojos.

6. -¿Cómo son los libros? -Son gruesos / caros.

[예9 연습]

1. La contaminación es un problema muy grave.
2. El internet es una invención maravillosa.
3. La filosofía es una ciencia indispensable.
4. La música es un regalo de Dios.
5. Argentina es un país rico.
6. La capital de Corea es una ciudad enorme.
7. La cola es una bebida nociva.
8. Kim Sowol es un poeta excelente.
9. La Sra. Chung es una mujer culta.

[예10 연습]

1. -¿De dónde eres? -Soy de Corea del Sur.
2. -¿De qué país es Ud.? -Soy de Colombia.
3. -¿De qué país son aquellas? -Ellas son de Chile.
4. -¿De dónde es el reloj? -Es de Suiza.
5. -¿Es Ud. peruano? -No, soy boliviano.
6. -¿Es española su esposa? -No, es hondureña.

[예11 연습]

1. -¿De qué es esta casa? -Es de madera.
2. -¿De qué es este bolígrafo? -Es de plástico.
3. -¿De qué es el bolso? -Es de piel.
4. -¿De qué es el abrigo? -Es de lana.
5. -¿De qué son los muñecos? -Son de barro.
6. -¿De qué son los calcetines?-Son de algodón.

[예12 연습]

1. -¿Es de seda esta corbata? -Así es. No es de poliéster.
2. -¿Es de oro este anillo? -Sí, es de 18 quilates.
3. -¿Es de piel auténtica la bolsa? -No, es de piel sintética.

4. -¿Es de acero aquel barco? -Así es.
5. -¿Es de papel la cubierta? -No, es de tela.

[예13 연습]

1. -¿De quién es esta falda? -Es (la) mía.
2. -¿De quién es esa camisa? -Es (la) tuya.
3. -¿De quién es aquel bastón? -Es de mi abuelo.
4. -¿De quiénes son estos discos compactos? -Son suyos.
5. -¿De quiénes son esas llaves? -Son (las) mías.
6. -¿De quiénes son aquellas mochilas? -Son (las) nuestras.

[예14 연습]

1. -¿De quién es este diccionario? -Es tuyo.
   -¿También son míos aquellos lápices? -No, son míos.
2. -¿De quién es esta guitarra? -Es de Amelia.
   -¿También es suya la armónica? -No, es de Pepino.
3. -¿De quién es este coche? -Es de mi papá.
   -¿También es suyo aquel? -No, aquél es de mi vecino.
4. -¿De quién es esta cartera? -Es mía.
   -¿También es suyo este pasaporte? -No, es de mi esposa.
5. -¿De quiénes son estas maletas? -Son nuestras.
   -¿También son suyas aquellas maletas? -No, son de otras personas.

[예15 연습]

1. -¿De qué color son tus medias? -Son negras.
2. -¿De qué color es la camisa de Andrés? -Es blanca.
3. -¿De qué color es la blusa de Marta? -Es rosada.
4. -¿De qué color es el traje nuevo de Pedro? -Es gris.
5. -¿De qué color es la falda de Bárbara? -Es roja.
6. -¿De qué color son los pantalones de usted? -Son de color azul marino.
7. -¿De qué color son los ojos de ella? -Son azules.
8. -¿De qué color es el cabello de Teresa? -Es rubio.

[예16 연습]

1. -¿Cuál es más alta, Marisol o Elvira? -Marisol es más alta que Elvira.
2. -¿Cuál es más grande, un perro o un gato? -En general, un perro es más grande que un gato.
3. -¿Cuál es más grande, Perú o Chile? -Perú es más grande.
4. -¿Cuál de las dos sillas es más cómoda? -Esta.
5. -¿Cuál de los dos es más hondo, un océano o un lago? -Un océano es más hondo.

[예17 연습]

1. Soy el más alto de mi familia.
2. Este cuadro de Picasso es el más caro del mundo.
3. Esta catedral es la más grande de Europa.
4. ¿Cuál es la república más pequeña de la América del Sur?

[예18 연습]

1. Este gato es más grande que tu perro.
   Tu perro es más pequeño que este gato.
   Tu perro no es tan grande como este gato.
2. El teléfono es más caro que el correo.
   (El teléfono es más caro que escribir cartas.)
   El correo es más barato que el teléfono.
   El correo no es tan caro como el teléfono.
3. El correo electrónico es más práctico que el servicio postal.
   El servicio postal es menos práctico que el correo electrónico.
   El servicio postal no es tan práctico como el correo electrónico.
4. Ir en coche es más rápido que ir en bicicleta.
   Pero ir en coche es menos ecológico.
   Ir a pie es tan ecológico como ir en bicicleta.
5. José no es menos mezquino que Martín.
   José es tan mezquino como Martín.
   Los dos son iguales en ese aspecto.

[예19 연습]

1. Alejandro es uno de los más inteligentes de la clase.
2. Pablo Neruda es uno de los poetas más famosos de Hispanoamérica.

3. Este templo es uno de los más antiguos de Corea.
4. Elena es una de mis mejores amigas.

[예20 연습]

1. Esta afeitadora es mejor que esa.
2. Ese cigarrillo es peor que este.
3. Esta tela es más cara, pero mejor que aquella.
4. Él es mejor que su hermano en inteligencia.
5. Aquellos chicos son peores que estos.
6. Esto es la mejor solución.
7. Ese es el peor hotel de la ciudad.

[예21 연습]

1. Eres menor que Simón.
2. Él es mayor que tú. Él es tu hermano mayor.
3. Joaquín es el mayor de los tres niños.
4. Mi suegra tiene más años que mi madre.

[예22 연습]

1. Linda es muy guapa; es guapísima.
2. Aquí el aire es muy puro; es purísimo.
3. El postre es muy dulce; es dulcísimo.
4. El avión es muy rápido; es rapidísimo.
5. Este restaurante es muy caro; es carísimo
6. La cuestión es muy fácil; es facilísima.
7. Es un chiste buenísimo.

II. estar, haber 동사

[예23 연습]

1. Estrella no está bien.
2. El cristal está turbio.
3. Mamá está cansada.

4. Este libro está muy interesante.
5. Este café está dulce con mucho azúcar.
6. Pablo está muy prudente esta vez.
7. Ángela siempre está atenta.
8. Ellos están listos para huir.
9. El repollo está muy barato con buena cosecha.
10. Esta paella está riquísima.

[예24 연습]

1. La mesa está sucia.
2. El caldo está muy caliente.
3. Estoy harto de comer.
4. Papá está de buen humor.
5. La luz cstá cncendida en el cuarto.
6. La puerta está cerrada.
7. Mi hermana está embarazada.
8. ¿Estás contento, tú?
9. Estoy muy ocupado.
10. El teléfono está ocupado.
11. La temperatura está a un grado bajo cero ahora.
12. Tu tía está enfadada con nosotros.
13. Los niños están desnudos.
14. El bar está enteramente lleno.
15. Estoy orgulloso de ti.
16. Estoy de acuerdo contigo.
17. Este sombrero está de moda.
18. Como tres cuartas partes de la Tierra está cubierta de agua
19. Estoy muy a gusto aquí.
20. El semáforo está en rojo.
21. ¿Estás casado con María?

[예25 연습]

1. Estoy peor que ayer.

2. Hoy el agua está menos fría que ayer.
3. La secretaria está más triste que nunca.
4. Este refresco está más frío que esa cerveza.
5. Mis zapatos están más sucios que los tuyos.
6. Hoy en día los ríos están tan contaminados como la tierra.
7. Mis zapatos están tan sucios como los suyos.

[예26 연습]

1. -¿Qué hay en la nevera? -Hay refrescos, carne, queso y lechuga.
2. -¿Qué hay sobre la mesa? -Hay un cenicero.
3. -¿Qué hay en el paquete? -Hay unos libros.
4. -¿Hay un banco cerca de aquí? -Hay uno en la esquina.
5. -¿Hay mucha gente en el cine? -No hay más que diez personas.
6. -¿Hay preguntas?
7. No hay nadie como tú.
8. No hay otro remedio que extraer la muela.

[예27 연습]

1. -¿Dónde está España? -Está en Europa.
2. -Mamá, ¿dónde está mi pañuelo? -Está sobre la mesa.
3. -¿Dónde está el Mercado Namdemun? -Está a una cuadra de aquí.
4. -¿Está cerca Haeundae? -Está a diez kilómetros de aquí.
5. -¿En qué país está Estocolmo? -Está en Suecia.
6. -¿Dónde están las macetas? -Están en el balcón.

[예28 연습]

1. ¿Dónde hay farmacia cerca de aquí?
   ¿Dónde está la farmacia Che-il?
2. -¿Hay teléfono en tu casa? -Sí, hay uno. Está en la sala.
3. En la casa hay solamente cuatro mujeres. Ellas están en casa ahora.
4. Hay pocas personas en la conferencia. Ellos están en las primeras filas.
5. Disculpa, ¿sabes si hay una estación de metro cerca? Cerca, no. Hay una, pero está un poco lejos, a unos diez minutos de aquí.

III. 숫자와 시간

[예29 연습]

십삼만 원 ciento treinta mil wones
칠만 이천 뻬소 setenta y dos mil pesos
오백만 달러 cinco millones de dólares
3억 5천명 trescientos millones cinco mil personas
6조 2천억 seis billones doscientos mil millones
3년 6개월 20일 tres años seis meses veinte días
1492년 (el año) mil cuatrocientos noventa y dos
2018년 dos mil dieciocho.

[예30 연습]

1. Son las cinco y veinte.
2. Son las seis y cinco.
3. Son las siete y media.
4. Son las ocho menos cinco.
5. Son las nueve menos cuarto.
6. Faltan veinte para las diez.
7. Es (el) mediodía.

[예31 연습]

1. -¿Qué fecha es hoy? -Es nueve de septiembre.
2. -¿Qué fecha es hoy? -Es catorce de octubre.
3. -¿Qué día es hoy? -Es martes.
4. -¿Qué día es hoy? -Es sábado.
5. -¿Qué fecha es hoy? -Es lunes, once de abril de 2011.

[예32 연습]

1. -¿Cuándo es la conferencia? -Es el dieciséis de mayo.
2. -¿Cuándo es el cumpleaños de Teresa? -Es el treinta de marzo.
3. -¿Cuándo es la Semana Santa? -Es la segunda semana de abril este año.
4. -¿A qué hora es la conferencia? - Es a las tres en punto.
5. -¿A qué hora es la boda de Pepe? -Es a las doce en el parque Nulbom.

IV. 과거 · 미래 · 완료 · 명령 : ser, estar, haber

[예33 연습]

1. El Sr. Martínez fue Director General de mi compañía.
2. Marta y Sergio fueron novios en un tiempo.
3. -¿Qué día fue anteayer? -Fue martes.
4. -¿Dónde fue el mitin? -Fue en el campo de deportes.
5. Fuisteis estúpidos.
6. España fue el país más poderoso del mundo en un tiempo.
7. -¿Fue Ud. el primero? -No, fui el segundo.
8. Su destino fue Jeréz.

[예34 연습]

1. Sonó el teléfono. Era el Director General.
2. En diciembre Marta y Sergio ya no eran novios.
3. De niña Conchita era llorona.
4. -¿Qué hora era? -Eran las nueve de la mañana.
5. Era una noche de diciembre. Las calles estaban oscuras...
6. Cuando España era el país más poderoso del mundo...
7. -¿Quién era Caín? -Era hermano de Abel.
8. Los regalos eran muy bonitos y útiles.

[예35 연습]

1. El profesor siempre ha sido generoso con nosotros y lo será esta vez.
2. Ese alumno ha sido perezoso hasta ahora, pero no lo será en adelante.
3. Siempre tú has sido mi buen amigo y lo serás en el futuro.
4. -¿Qué hora será ahora? -Han de ser las siete.
5. Mañana será siete de julio.
6. ¿Quién será?

[예36 연습]

1. -¿Por qué no está María en casa? -Ha de estar ocupada.
2. -¿Qué hora será? -Deben de ser las cuatro.

[예37 연습]

1. Sé más prudente.
2. Sed más prudentes.
3. No seas malo.
4. No seáis malos.
5. Sea Ud. más amable.
6. Sean más amables, por favor.
7. No seas celosa.
8. No sean envidiosos.

[예38 연습]

1. -¿Cuándo estuvo enfermo Luis? -Estuvo enfermo la semana pasada.
2. -¿Dónde estuviste por la mañana? -Estuve en la biblioteca.
3. -¿Dónde estuvo Ud.? -Estuve en Barcelona durante dos meses.
4. La farmacia estuvo cerrada ayer.
5. Hubo un terremoto en Japón el mes pasado.
6. El lunes hubo una boda muy elegante en la iglesia.

[예39 연습]

1. Ayer Luis estaba enfermo. ¿Cómo está hoy?
2. Elena estaba en el laboratorio a las dos. ¿Está todavía allí?
3. ¿Estaban ellos dentro de la casa o fuera?
4. A la una vi que la farmacia estaba cerrada...
5. Había cinco entradas aquí, pero ahora no hay más que cuatro.

[예40 연습]

1. Yo estaré allí a las tres.
2. Estarás en casa.
3. Ahora el banco estará abierto.
4. Estaremos en la playa mañana.
5. Las tiendas estarán cerradas.
6. Habrá una librería cerca de aquí.
7. Habrá encargado de aquí.

[예41 연습]

1. ¿Has estado en Colombia alguna vez?
2. ¿Ha estado Ud. en Guatemala alguna vez?
3. ¿Han estado Uds. en Inglaterra alguna vez?

[예42 연습]

1. Estaría enfadado Julio.
2. Tomás estaría en Moscú.
3. Estarían embarazadas.

V. 규칙변화동사

[예43 연습]

1. -¿Habla Ud. inglés? -Sí, hablo un poco de inglés.
2. -¿Comen Uds. pescado? -Sí, comemos mucho pescado.
3. -¿Vives en un apartamento? -No, vivo en una casa particular.
4. -¿Trabajan Uds. los sábados? -Sí, trabajamos los sábados.
5. -¿Aprende Ud. chino? -No, aprendo francés.
6. -¿Usan Uds. mucho el correo electrónico? -No, telefoneamos mucho.
7. -¿Canta bien José? -Sí, canta bien y también toca bien la guitarra.
8. -¿Lavas todos los días? -No, sólo una vez por semana.

[예44 연습]

1. -¿Qué idiomas hablas tú? -Hablo coreano, español e inglés.
2. -Jacinto, ¿qué asignaturas estudias? -Mamá, ahora estudio la Historia Nacional.
3. -¿Qué libros compran ellos? -Compran guías turísticas.
4. -¿Qué vende aquel tipo sospechoso? -Es drogadicto y vende drogas.
5. -¿Qué lavas? -Lavo la ropa interior.
6. -¿Qué estudiáis? -Estudiamos la conjugación de los verbos.
7. -¿Dónde compran la ropa Uds.? -La compramos en el Mercado Dongdemun.
8. -¿Dónde trabajan, señoritas? -Trabajamos en un hospital.
9. -¿Dónde aprende Ud. español?
   -Aprendo en la Universidad Pusan de Estudios Extranjeros.

[예45 연습]

1. -¿Cortas tú flores? -No, yo no las corto.
2. -¿Tomas vitaminas? -No, no las tomo.
3. -¿Estudiáis español? -Sí, lo estudiamos.
4. -¿Venden Uds. esta escultura? -No, no la vendemos. Es para la exhibición.
5. -¿Me comprende Ud.? -Sí, lo/la comprendo.
6. -¿Te espera Yolanda? -Sí, me espera.
7. -¿Los/las saludan a Uds. los conserjes? -Sí, nos saludan.
8. -¿Nos acompaña Ud.? -Sí, los acompaño a Uds.
9. -¿La quiere Ud. de todo corazón? -Sí, la amo con todo el corazón.

[예46 연습]

1. -¿Con qué apaga el fuego el bombero? -Lo apaga con chorros de agua.
2. -¿Con qué abres las puertas cerradas? -Las abro con las llaves.
3. -¿Con qué comes carne? -La como con tenedor y cuchillo.
4. -¿Con qué comen los coreanos? -Los coreanos comemos con cuchara y palillos.

[예47 연습]

1. Tú andas más despacio que yo. No andas tan rápido como yo.
2. Ella pinta mejor que tú. Pinta tan bien como un pintor.
3. Aquel almacén vende más que este almacen. Este no vende tanto como aquel.
4. Juan Carlos compra más libros que ellas. Ellas no compran tantos libros como él.

[예48 연습]

1. -¿Habló en español el profesor? -No, habló en inglés.
2. -¿Habló el Papa del aborto? -No, habló de la paz mundial.
3. -¿Bebió Ud. licor? -No, bebí leche.
4. -¿Vendiste la casa? -Sí, la vendí.
5. -¿Compraste este vestido en el almacén? -No, lo compré a través de internet.
6. -¿Recibiste el paquete ayer? -No, lo recibí esta mañana.

[예49 연습]

1. -¿En qué idioma habló el conferenciante? -Habló en francés.

2. -¿De qué habló él? -Habló de la tranquilidad espiritual.
3. -¿En qué academia aprendió Ud. la cosmetología?
   -La aprendí en la Academia Bangsil.

[예50 연습]

1. -¿Ya ha salido el tren? -Sí, ya ha salido el tren. Salió hace diez minutos.
2. -¿Ya has vuelto de tu viaje? -Llegué anoche. Han sido unos días interesantes.
3. -¿Recibiste el paquete ayer? -No, todavía no lo he recibido.
4. -¿Ha hecho los deberes Paco? -Sí, acaba de hacerlos.
5. -¿Has encontrado trabajo? -Aún no lo sé. Me lo dirán mañana.

[예51 연습]

1. Habla despacio. Hable despacio, por favor.
2. Aprende inglés. Apréndelo. No lo aprendas.
3. Abra la maleta. Ábralo. No la abra.
4. Bebe este vino. Bébelo. No lo bebas tanto.
5. No fumes. No fume Ud. No fuméis aquí. No fumen aquí.
6. Sube. No subas.
   Suba Ud. No suba.
   Subid. No subáis.
   Suban Uds. No suban Uds.
7. Conserva tu derecha. Conserve su derecha.
8. No abuses de tu fuerza.
9. No tires basura en la calle.
10. Busca información en internet sobre Sevilla.

VI. 불규칙변화동사

[예52 연습]

1. -¿Cuántos años tienes? -Tengo dieciocho años.
2. -¿Cuántos años tiene Ud.? -Tengo veintidós años.
3. -¿Cuántos años tendrá él? -Tendrá unos cuarenta años.
4. -¿Cuántos años tendría él en aquel entonces? -Tendría más o menos treinta y cinco años.

5. -¿Cuántos bolígrafos tienes? -No tengo más que uno.
6. -¿Cuánto dinero tiene Ud.? -Tengo más de diez mil wones.
7. -¿Cuánto dinero tenéis? -Tenemos menos de cinco mil wones.
8. -¿Quién tiene mi diccionario? -Yo lo tengo.
9. -¿Tienes clases hoy? -Sí, tengo una a las nueve.
10. -¿Tienes muchas amigas? -No, no tengo ninguna.
11. -¿Tienes algún libro en español? -No, no tengo ninguno.

[예53 연습]

1. Tengo frío y hambre.
2. Tienes suerte.
3. Jesús tiene muchas cualidades.
4. Tenemos una entrevista con el profesor.
5. Tenéis razón.
6. Tengo sueño.
7. Tengo un sueño.
8. Ten paciencia. Ya llegamos.
9. Tengan cuidado con la pintura.
10. Tengo miedo a los perros.
11. ¿Por qué tienes tanta prisa?
12. Tiene una gorra en la mano.
13. Tengo dolor de cabeza [estómago].
14. Ellos no tienen ganas de ir al cine.
15. Marisol tiene los ojos azules.
16. No tenemos tiempo para jugar.
17. No tienes la culpa.

[예54 연습]

1. -¿Por qué no come Ud.? -Porque no tengo hambre.
   -¿Por qué no comió Ud.? -Porque no tenía hambre.
2. -¿Por qué no duermes? -Porque no tengo sueño.
   -¿Por qué no dormiste? -Porque no tenía sueño.
3. -¿Por qué no trabajan ellos? -Porque tienen dinero.

-¿Por qué no trabajaron ellos la semana pasada?
-Porque tenían dinero.

[예55 연습]

1. Hay que conducir con mucho cuidado.
2. Tenemos que esperarlo.
3. Es necesario divertirnos a veces.
4. Tenemos que hacer algo.
5. No hay que preocuparse.
6. Los niños tienen que ir a la escuela.
7. Tenéis que gastar menos dinero.
8. ¿Tengo que pagar en efectivo?

[예56 연습]

1. -¿Dónde vas? -Voy al museo.
   -¿Cómo vas? -Voy a pie.
2. -¿Dónde van Uds. el fin de semana? -Vamos a la isla Jeju.
   -¿Van en barco o en avión? -Vamos en avión.
3. -¿Dónde fue Pablo ayer? -Fue a Sevilla.
   -¿En coche o en tren? -Fue en autobús.
4. -¿Cómo iremos? -Vamos en metro.
5. -¿Cómo le va en los negocios? -Todo va bien.
   -Me va de mal en peor.

[예57 연습]

1. -¿A qué hora vas a la escuela y a qué hora regresas a casa?
   -Generalmente salgo a las ocho de la mañana y regreso a las cinco y media de la tarde.
2. -¿A qué hora fue Ud. a la oficina ayer y a qué hora volvió a casa?
   -Salí a las siete de la mañana y volví a las diez de la noche.
3. -¿A qué hora sale el tren? -Ya ha salido.
4. -¿A qué hora llegó el avión? -Acaba de llegar.
5. -¿A qué hora vendrá el cartero? -Vendrá a las diez a más tardar.
6. -¿A qué hora saldrán ellos de la oficina? -Saldrán a las seis.

[예58 연습]

1. -¿Qué vas a hacer esta noche? -Voy a salir con mi novio.
2. -¿Qué vas a comprar? -Voy a comprar un DVD.
3. -¿Qué película vais a ver? -Vamos a ver una de ciencia ficción.
4. -¿Cuántos años cumples el mes que viene? -Voy a cumplir veintiún años.
5. -¿Dónde van a pasar las vacaciones Uds.? -Vamos a pasarlas en una playa tranquila.

[예59 연습]

1. -¿A quién le va a dar el regalo? -Voy a dárselo a mi novia.
2. -¿A quién le dieron el premio? -Se lo dieron a la Srta. Dolores.
3. -¿Quién te dio el dinero? -Papá me lo dio.
4. -¿A quién le vas a dar las muñecas? -Se las daré a Margarita.

[예60 연습]

1. Dáselo a ella. No se lo des a José.
2. Déselas a Silvia. No se las dé a Beatriz.
3. Dámelas. No se las des a Carlos.
4. Dádnosla.
5. No se lo den a él.
6. No se lo des a nadie.

[예61 연습]

1. ¿Qué le dio a su sobrino en el día de su cumpleaños?
2. En el hotel damos las maletas al mozo.
3. La vaca da leche y la oveja da lana.
   El castaño ha dado muchas castañas este año.
4. Pronto van a dar las diez.
5. Vamos a dar un paseo por el parque.
6. Dame un beso.
   Ella me dio un pellizco en la pierna.
7. Ella dio un grito de horror.
8. La Tierra da vueltas alrededor del sol.
   Julio Verne dio una vuelta por el mundo en ochenta días.

9. Te voy a dar una bofetada, si no te estás quieto.
10. Le doy las gracias a Ud. por su bondad.
11. Hay que dar parte del accidente de coche inmediatamente al seguro.
12. Mi casa da al Sur.
13. Ayer di con el acreedor en el hotel.
    No doy con la palabra adecuada.
14. Doy por perdido ese dinero.
15. Ud. va a dar a luz a un niño saludable.

[예62 연습]

1. -¿Qué hace el panadero? -Hace pan.
2. -¿Qué hace el cocinero? -Hace la comida en restaurantes.
3. -¿Qué hace el modista? -Hace vestidos.
4. -¿Qué hace el barrendero? -Limpia las calles.
5. -¿Qué hace el mecánico? -Arregla coches en el taller.
6. -¿Qué hace el pescador? -Pesca en el río o en el mar.
7. -¿Qué hace el nadador? -Nada.
8. -¿Qué hace el policía? -Conserva el orden.

[예63 연습]

1. -¿Qué haces? -Leo un libro.
2. -¿Qué hiciste ayer? -Subí al monte.
3. -¿Qué harás por la tarde? -Haré las maletas.
4. -¿Juega Ud. al tenis? -No, no lo hago.
5. -¿Rompió Ud. el vaso? -No, lo hizo él.
6. -¿Quién lavó los platos? -Mamá, lo hice yo.
7. Hiciste bien marchándote. Hiciste bien en decírselo.
8. No tengo nada que hacer.
9. No sé cómo hacer.

[예64 연습]

1. Hago gimnasia todas las mañanas.
2. Hago footing dos o tres veces por semana.

3. Mi marido practica Taekwondo y hace mucho ejercicio.
4. Él hizo señas con la mano para llamarme.
5. Primero hice la tarea y miré la tele.

[예65 연습]

1. La maestra Cecilia hizo la avioneta de papel.
2. Los niños hicieron el castillo de arena en dos horas.
3. Ese mismo arquitecto hizo la casa.
4. Ese artesano hace diez piezas de porcelana por día.
5. Yo hice la ensalada.

[예66 연습]

1. Haré por llegar a tiempo.
2. Harás por escribirle a él hoy mismo.
3. Hizo mucho por salvarse.

[예67 연습]

1. Leonardo hizo de general en el cine.
2. Inés hizo de abogada.
3. Alberto va a hacer de Hamlet.
4. Mi hijo hace de payaso y me hace reír.
5. Él hizo de enfermero durante la guerra.

[예68 연습]

1. Él se hace el tonto.
2. Él se hizo el distraído para no saludarla a ella.
3. No se haga el sordo.
4. Me hice el dormido.
5. Él se hace el valiente.
6. Él se hizo pasar por mujer en el chat.

[예69 연습]

1. -¿Quién hizo llorar a Melibea? -Calisto la hizo llorar.

2. -¿Quién lo hizo venir aquí? -Tú me hiciste venir aquí.
3. -¿Quién les hizo arrancar el árbol? -El dueño de la casa.

[예70 연습]

1. Quiero hacer un viaje por la isla Jeju en las vacaciones.
2. Siempre Gustavo hace muchas preguntas.
3. Quiero hacer una reservación para las siete y media para dos personas.
4. Él hizo un gran esfuerzo.
5. Tengo que hacer una llamada a mi hermana.
6. Ella hace un estudio sobre la contaminación ambiental.
7. Ella le hizo caricias a su hija.
8. No me hagas cosquillas.
9. ¿No hiciste ningún regalo a tu abuelo?
10. Hago trámites para mi pasaporte.
11. El presidente Kim hizo un donativo a una universidad.
12. El Sr. Ramírez hace negocios al por mayor.

[예71 연습]

1. Haz primero la cama y después las maletas.
2. Haga el favor de cerrar la ventana.
   Haga el favor de llenar el formulario.
3. Me hace falta un cortaúñas.
   Te hace falta un diccionario inglés-inglés.
4. No hagáis mucho ruido.
   Mi coche hace un ruido extraño.
5. Hazme caso, por favor.
   No hagas caso de eso.
6. La tormenta hizo gran daño en esa región.
   El pescado crudo me hace daño.
7. Ella hace amistades con facilidad.
   Reñimos, pero después hicimos las paces.
8. Profesor, ¿qué le parece hacer fiesta mañana?
   Jefe, ¿qué le parece hacer puente el viernes para tener fiesta continua?
9. Voy a hacer cola. Hm, soy el sexto en la cola.

10. Es malo hacer el amor sin estar enamorado.

[예72 연습]

1. -¿Quieres una camisa? -Sí, la quiero.
2. -¿Quiere Ud. un periódico? -Sí, lo quiero.
3. -¿Quieren dos coches los Sres. Gómez? -Sí, los quieren.
4. -¿Quiere Ud. a la Srta. Jacinta? -Sí, la quiero.
5. -¿Te quiere Mario? -No, no me quiere.

[예73 연습]

1. -¿Qué queréis? -Queremos helado.
2. -¿Qué quiere Ud. de postre? -Quiero un flan.
3. -¿A quién quieren Uds.? -Queremos a nuestros padres.
4. -¿A quién quieres? -A ti te quiero.

[예74 연습]

1. -¿Qué quería Ud.? -Quería comprar una blusa.
2. -¿Qué quieres comprar? -Quiero comprar una bicicleta.
3. -¿Queréis comerlo? -Sí, queremos comerlo.
4. -¿Quieren Uds. conocer España? -Sí, queremos conocerla.

[예75 연습]

1. -¿Cómo quiere Ud. las corbatas? -Las quiero rojas.
2. -¿Cómo quiere Ud. los muebles? -Los quiero nuevos.
3. -¿Cómo quiere Ud. los zapatos? -Los quiero de tacón alto.
4. -¿Cómo quiere Ud. las maletas? -Las quiero marrones.
5. -¿Cómo quiere Ud. las cervezas? -Las quiero bien frías.

[예76 연습]

1. -¿Cuánto cuesta la carne de res? -Cuesta quince mil wones el kilo.
2. -¿Cuánto cuesta el aceite de oliva? -Cuesta siete euros medio litro.
3. -¿Cuánto cuestan las fresas? -Cuesta cincuenta pesos la caja.
4. -¿Cuánto cuesta por hora? -Cuesta doscientos pesos por hora.

5. -¿Cuánto cuestan las manzanas? -Cuesta cincuenta centavos cada una.
6. -¿Cuánto te cuesta el apartamento? -Me cuesta dos mil pesos por mes.
7. -¿Cuánto le costó la raqueta? -Me costó trescientos pesos.
8. -¿Cuánto costarán unas gafas oscuras? -Han de costar unos treinta mil wones.
9. -¿Cuánto le costaría a ella el abrigo de piel? -Le ha de haber costado millones de wones.

[예77 연습]

1. -¿Para qué sirve la palanca? -Sirve para llevar objetos pesados.
2. -¿Para qué sirve este instrumento? -Sirve para hacer agujeros.
3. -¿Para qué sirven las naranjas amargas? -Sirven para hacer jugo con azúcar.
4. -¿Para qué sirve el gato? -Coge ratones.
5. -¿Para qué sirven las gallinas? -Ponen huevos.

VII. ≪동사 + (전치사) + 동사원형≫

[예78 연습]

1. -¿Puedo cruzar la calle por aquí? -No, tienes que cruzar por el paso de peatones.
2. -¿Puedo fumar en el autobús? -No, no puedes fumar en el autobús.
3. -¿Puedo probármelo? -Sí, por supuesto, los probadores están al fondo a la derecha.
4. -¿Podemos ir al cine esta tarde? -No, no podéis ir allí.
5. Sin dinero no podía hacer nada.
6. Ellos no podrán venir.

[예79 연습]

1. Espero tener una moto el año que viene.
2. -¿Qué desea Ud.? -Quiero comprar una camisa.
3. ¿Quiere Ud. perfeccionar español?

[예80 연습]

1. -¿Sabe Ud. manejar la computadora? -Sí, sé manejar varios programas.
2. -¿Sabes montar en bicicleta? -No lo sé.
3. -¿Sabe José montar a caballo? - Sí, lo sabe.
4. Pienso ir a México el año que viene.

5. El conserje piensa jubilarse este año.

[예81 연습]

1. Prefiere no hablar de eso.
2. Preferimos quedarnos en casa.
3. Él decidió irse de su casa e intentar sobrevivir en la ciudad.
4. Procuraré llegar a tiempo.
5. No logré poner en marcha el coche esta mañana.

[예82 연습]

1. El presidente de Chile aseguró mejorar las condiciones de la minería.
2. El presidente de Estados Unidos propuso reducir la cantidad de las armas nucleares.
3. Suelo omitir los artículos.
4. Acostumbramos (a) ir al cine los fines de semana.
5. Evitemos consumir los huevos de tortuga.
6. Siento no haberte avisado antes.

[예83 연습]

1. Fernando siempre nos hace esperarlo.
2. Me mandó venir de inmediato.
3. Mamá me permitió salir.
4. Los niños no me dejan dormir.
5. Ellos quisieron impedirme hablar.
6. Mi padre me phohibe fumar.
7. Le pedí acompañarme.

[예84 연습]

1. -¿Viste a Teresa pasar? -Sí, la vi cruzar la calle.
2. La escuché cantar.
3. Siento temblar la casa.

[예85 연습]

1. Salí a recibirlo.

2. Lo vengo a ver a Ud.
3. Subamos al escenario a cantar.
4. Hemos enviado a un ingeniero a reparar la máquina.
5. Mi amiga me invitó a cenar en casa.

[예86 연습]

1. ¿A qué edad aprendiste a tocar el piano?
2. Enseñé a Luis a jugar al tenis.
3. Ella me ayudó a traducir el libro.
4. Mis padres me obligan a estudiar.
5. La ONU instó a tomar medidas urgentes contra el grave problema para el medio ambiente.
6. Ya no volveré a jugar.

[예87 연습]

1. Ella empezó a escribir.
2. ¿Cuándo comenzaste a estudiar español?
3. Él echó a correr.

[예88 연습]

1. Ana María alcanzó a ver el ocaso.
2. Nunca llegarás a hablar bien francés.

[예89 연습]

1. Acaba de salir el avión.
2. Dejé de fumar.
3. Traté de no fumar, pero fracasé.
4. Debe de ser un estafador.
5. Ellos me dieron de comer durante un mes.

[예90 연습]

1. Las cartas tardan más de una semana en llegar.
2. No tarde en volver.

3. Ella insistió en divorciarse.
4. El amor consiste en respetarse y comprenderse mutuamente.

[예91 연습]

1. La amenazaron con difundir un vídeo por internet.
2. Él sueña con comprarse un coche.

[예92 연습]

1. Ellos empezaron por reñir.
2. Ella terminó por sollozar.
3. Está por llover.
4. Es para reír.

VIII. 무인칭(3인칭)문

[예93 연습]

1. -¿Qué tiempo hace hoy? -Hace buen tiempo. Hace sol.
2. -¿Qué tiempo hizo ayer en Busan?
   -No hizo buen tiempo. Hizo mucho viento.
3. Hace mucho calor. ¿También hará calor mañana?
4. Está nublado y hace frío. Parece que va a nevar.
5. Llueve a cántaros. Habrá inundaciones.
6. Llovió poco el año pasado. Hubo sequía.
7. En verano amanece temprano y anochece tarde.

[예94 연습]

1. Es fácil aprender español / Es difícil aprender español.
2. Es importante estudiar inglés.
3. Es útil saber manejar la computadora.
4. Es interesante conocer varios países.
5. ¿Es bueno beber el licor de manera moderada?
6. Es necesario ser especialista.
7. Es preciso volver a casa y calentarse.

8. Es nocivo fumar.
9. Es común y corriente dormir la siesta en América Latina.
10. Es agradable vivir en el campo.
11. Es imposible abrir la ventana.
12. ¿Es posible ser feliz, siendo pobre?

[예95 연습]

1. ¿Será interesante jugar a los bolos?
2. ¿Era tan importante estudiar inglés en aquel entonces?
3. ¿Fue fácil conseguir el permiso de importación?

[예96 연습]

1. Dicen que él es un hombre de negocios prometedor.
2. Dicen que este gobierno es incompetente.
3. Dicen que él es un hipócrita.
4. -¿Qué idioma hablan en Hispanoamérica? -Hablan español.
5. -¿Qué venden en esa tienda? -Venden electrodomésticos.
6. -¿Qué producen en esta fábrica? -Producimos calzado.
7. -¿Qué película ponen en el cine Dejan?
8. Sr. Kim, lo llaman por teléfono.
9. Llaman a la puerta.
10. ¿Le entregan la leche temprano?
11. Me dieron un mes de plazo para hacerlo.
12. Me desvalijaron el auto anoche.
13. Han atropellado a dos niños esta semana.

[예97 연습]

1. -¿Cómo se dice *ice cream* en español? -Se dice helado.
2. Se dice que el español es interesante.
3. En Corea hablamos coreano y en España se habla español.
4. Se come bien en ese restaurante.
5. No se dice eso.
6. No se hace eso.

7. Se habla de ti por todas partes.
8. -¿Se come la limonada? -No, la limonada se bebe.
9. Si se come la fruta verde, duele el estómago.
10. ¿Cómo se prende el fuego?
11. En nuestros días se cree que Poderoso caballero es don Dinero.
12. Primero se ve el rayo, después se oye el trueno.
13. Se oye cantar a los pájaros.
14. Se tutea a los niños.
15. Se avisa a los aprobados.
16. Se alquila la habitación.

[예98 연습]

1. -¿Cómo se hace el chocolate? -Se hace con el cacao.
2. -¿Cómo se hace la mantequilla? -Con la crema se hace la mantequilla.
3. -¿Cómo se hace la ensalada?
   -Se hace con lechuga, con aceite y vinagre y un poco de sal.
4. -¿Cómo se hace la paella?
   -Se hace con arroz, con mariscos, pollo y azafrán.

[예99 연습]

1. -¿Por dónde se va al auditorio municipal?
   -Se va derecho del semáforo.
2. -¿Por dónde se va al Banco del Ciudadano?
   -En el primer cruce [glorieta] se da la vuelta a la derecha.

[예100 연습]

1. Se beben los líquidos, y se comen los sólidos, como el pan y el pescado.
2. En esta fábrica se producen mil coches por día.
3. Se necesitan aprendices.
4. Se rentan coches.
5. Se oyeron muchos ruidos.
6. -Se ven dos casas. -¿Dónde? No las veo.

[예101 연습]

1. Basta de conversación. Vamos a trabajar.
2. No vale la pena ver esa película.
3. Cabe destacar la importancia de ayudar a los países en desarrollo.
4. -¿Te lo doy hoy o mañana? -Lo mismo da.
5. Da gusto verla bailar.

IX. 역구조문

[예102 연습]

1. A mi marido le gusta el pescado.
2. Me gusta la carne tanto como el pescado.
3. ¿Les gusta la comida picante?
4. -¿Cómo le gustan a Ud. más las patatas, fritas o cocidas?
   -Me gustan más cocidas.
5. ¿Cuál te gusta más, la primavera o el otoño?
6. Me gustan los niños.
7. Me encanta Mozart.
8. ¿Te alegra la noticia?
9. ¿Te agradan los regalos?
10. A ellas les interesan los idiomas.
11. ¿Qué programa le interesa más?
12. No me importan las notas.
13. ¿No te simpatiza Pilar?
14. Siempre le asusta el trueno.
15. Me duele el estómago un poco.
16. A mi abuelo siempre le duele la cabeza.
17. Me hace falta un destornillador.
18. ¿Qué le parece?
19. ¿Qué te pasa?
20. ¿Cómo te va?

[예103 연습]

1. A José le gusta estudiar.

2. Me gusta jugar al fútbol.
3. Nos gusta jugar con los niños.
4. A mis padres les gusta hacer viajes.
5. Me alegra saber que estás bien.
6. ¿No te agrada estar aquí?
7. ¿No le repugna tomar el caldo de perro?
8. Me duele decirlo.
9. Te conviene comprar ese coche.
10. No le conviene tomar tanto café.
11. Le cuesta muy poco hacer amistades.
12. -¿Le molestaría comprarme un ejemplar de periódico? -De ningún modo.

[예104 연습]

1. Me hace falta aprenderlo.
2. Me da vergüenza cantar solo / sola.
3. No me da la gana de ir a la discoteca.
4. ¿Te cuesta trabajo memorizarlo?
5. ¿A Ud. le da lo mismo?

X. 재귀동사

[예105 연습]

1. ¿A qué hora te acuestas y te levantas?
2. ¿A qué hora se levantó Ud. hoy?
3. ¿A qué hora te acostaste anoche?
4. Es bueno lavarse las manos antes de comer.
5. Me lavo los dientes después de comer.
6. -¿Con qué se afeita Ud.? -Me afeito con la afeitadora eléctrica.
7. Me ducho antes de acostarme.
8. ¿Te peinas después de vestirte?
9. Me puse la camisa, la corbata, los zapatos y el sombrero en un instante.
10. También yo me quité la camisa, la corbata, los zapatos y el sombrero en un instante.

[예106 연습]

1. Levántate. Lávate las manos. Ponte estos zapatos.
2. Póngase esta corbata. No se quite los zapatos. Siéntese.

[예107 연습]

1. Orquídea se presentó a sí misma.
2. Él se disfrazó de barrendero.
3. Las mujeres se miran en el espejo por lo menos tres veces al día.
4. Conócete a ti mismo.
5. No te desnudes en cualquier sitio, niño.
6. Me divertí con mis amigos el fin de semana.
7. El padre de Gabriela quiere casarla con Felipe, pero ella quiere casarse con Enrique.
8. Hay que calentarse para no coger resfriado.
9. Él se mató con una pistola.
10. Lucas se dedica a la venta de prendas de vestir.

[예108 연습]

1. -¿Cómo se llama él? -Se llama Marcos.
2. -¿Cómo te llamas? -Me llamo Esmeralda.
3. -¿Cómo se llama de nombre García Márquez? -Gabriel.
4. -¿Cómo se apellida Mario? -Vargas Llosa.
5. -¿Cómo se le llama a la persona que entrega las cartas a domicilio?
   -Se le llama cartero.
6. -¿Cómo se le llama a la persona que no ve? -Se le llama invidente.
7. -¿Cómo se le llama a un grupo grande de árboles silvestres? -Se le llama bosque.

[예109 연습]

1. El presidente se enfada conmigo a menudo por nada.
2. No debemos enojarnos por el mal tiempo. Hay que conformarnos con el tiempo.
3. Me entrevisté con el jefe ayer.
4. Ella se mejoró con la acupuntura.
5. Sofía no se contenta con la cadena de oro.
6. Fíjate en lo que voy a decirte.

7. Me alegré de oírlo.
8. Ud. se equivoca de hora.
9. Camilo se enamora de Juana.
10. Luis se decidió a divorciarse de ella.
11. Él piensa vengarse de ti.
12. No me acuerdo de su nombre.
13. Olvídate de eso.
14. Ellos se negaron a seguir las normas.
15. Te acostumbras a decir mentiras.
16. Me siento feliz / triste.
17. Nos acercamos a la fecha de la boda.
18. Ellos se dirigieron a la puerta.
19. No se burle de mí.
20. Jesús fue a la peluquería para cortarse el pelo.
21. Goya se adelantó a la pintura de su tiempo.

[예110 연습]

1. Julio se hizo cantante y se hizo rico.
2. Mario se vuelve loco si alguien se burla de él.
3. Mis sueños se han hecho realidad.
4. Mi sueño se ha realizado.
5. La risa se cambió en llanto.
6. Voy a cambiarme de vestido.
7. El vino se convirtió en vinagre.
8. Todo se convirtió en alegría.
9. La casucha se transformó en un palacio.

[예111 연습]

1. El comité se compuso de siete miembros.
2. Corea se dividió en dos países en 1945.
3. El Gran Puente de Songsu se hundió en 1994.
4. El vestido blanco se ensucia pronto con el uso.
5. Se abrió la puerta.

[예112 연습]

1. ¿Ya se va? Quédese un rato más.
2. Vete.
3. El tren ya se marchó.
4. Él se durmió pronto.
5. Su madre se murió de vieja.
6. Elena se muere de vergüenza.
7. Me muero de hambre.
8. Quédate quieto.
9. Quédese con el cambio.
10. Súbase / Bájese.

[예113 연습]

1. Ella se arrepintió de haber comprado las joyas.
2. Rómulo se queja de todo.
3. Quien se suicida, no puede entrar en los Cielos.
4. No me atrevo a decirle la verdad a papá.
5. Nicolás se jactaba de ser rico.
6. Él se portó como un cochino.

[예114 연습]

1. Se venden muchas sandías en verano.
2. Se espera mucha lluvia esta semana.
3. Se exporta el Ginseng de Corea a muchos países.
4. Se cultiva el café en los países tropicales.
5. Se cultivan los plátanos también en los países tropicales.
6. Se ha traducido la Familia de Pascual Duarte al coreano.
7. Se han hecho recientemente importantes estudios sobre el cáncer.
8. Se firmó el Acuerdo de Libre Comercio entre Corea y Chile en 2003.
9. Se ha demostrado la ventaja de este producto.
10. Se cometieron muchos crímenes el año pasado.
11. Se construirá el puente el año que viene.
12. Se tratará el tema de la miseria en el próximo seminario.

[예115 연습]

1. Se me olvidó el nombre de la profesora.
2. Se me olvidó planchar.
3. Se le perdió el pasaporte.
4. Se le prometió una colocación.
5. Se le cayó el vaso.
6. A Catalina se le rompió una pierna.
7. Se me dislocó un tobillo.
8. Se me sube el licor a la cabeza.
9. Se me ocurre una buena idea.

[예116 연습]

1. No os peleéis uno con otro.
2. Les gusta molestarse el uno al otro.
3. Nos ayudamos unos a otros.
4. Ellos se ríen uno del otro.
5. Fernando y Alejandra se hablan mal el uno de la otra.
6. Nos felicitamos unos a otros.
7. Ellos se hicieron mal mutuamente.
8. Nos visitábamos uno a otro.
9. ¿Cuándo se conocieron Uds.?
10. Nos conocimos en el avión y entablamos amistades.
11. Ahora nos comunicamos por Twitter.
12. Nos dimos la mano.

XI. 진행형과 현재분사

[예117 연습]

1. Carlos está estudiando en el colegio.
2. Está hirviendo el agua.
3. Está lloviendo muy fuerte.
4. Lorenzo está escuchando la música en su cuarto.
5. Llevar la gorra se está poniendo de moda.

6. ¿Qué estás haciendo? ¡Rompiendo las fotos!
7. -¿Me escuchas? -Sí, te estoy escuchando.
8. Jorge está llorando mucho. ¿Qué le pasa?
9. Luisa está trabajando en un supermercado para preparar el gasto del viaje.

[예118 연습]

a-1. Me estuve burlando de mamá esta mañana.
 2. Matilda me estuvo sonriendo hasta que su tía se dio cuenta.
 3. Estuve haciendo muchos viajes de negocios el año pasado.
b-1. ¿Estabas esperando a la profesora Rosa entonces?
 2. Yo estaba leyendo el periódico.
 3. ¿Estaban Uds. pasando las vacaciones?
c-1. -¿Dónde estarán nuestros padres? -Han de estar pasando por Bangkok.
 2. Luis estará muy cansado. Ahora estará dormitándose en la clase.
 3. ¿Quién estará llegando a esta hora?

[예119 연습]

1-1. Sigue lloviendo.
 -2. Sigue trabajando en la misma empresa.
 -3. Ya era muy tarde. Por eso no te seguimos esperando.
 -4. El gobierno seguirá combatiendo el crimen organizado y buscará soluciones a largo plazo.
2-1. Llevo estudiando español dos años.
 -2. Llevaba trabajando allí cinco años.
3-1. Iba anocheciendo.
 -2. La situación económica de Chile va mejorando día a día.
4-1. Vengo observando sus actos.
 -2. La pobreza ha venido aumentando en América Latina.
5-1. Diego anda molestando a todo el mundo.
 -2. Él anduvo preguntando por Dolores en todas partes.
6-1. ¡Quédate viendo la tele!
 -2. Se quedó leyendo la revista.

[예120 연습]

a-1. Ella subió la escalera cantando.
-2. Ellos vienen corriendo.
-3. Él me saludó sonriendo.
-4. Los españoles charlan mucho comiendo.
b-1. Estoy perdiendo el tiempo hablando contigo.
-2. Tú y yo acabamos riñendo.
c-1. Vámonos al colegio corriendo.
-2. Aprovechando mi ausencia, él me hurtó la computadora portátil.
d-1. Escuchando canciones tristes, se sienten mal.
-2. Tomando el taxi, Ud. podía llegar más temprano.
-3. Sabiendo español, se puede viajar por toda Latinoamérica sin tener mayor problema de comunicación.
e-1. Ellos pusieron un anuncio solicitando un cocinero.
-2. Escribí a la editorial pidiendo un catálogo de sus libros.
f. Siendo rico, él es avaro.
g. Temiendo ser descubierta, ella ocultó el diamante en la boca.
h. Estando yo en el extranjero, estalló la guerra.

XII. 수동태와 과거분사

[예121 연습]

1. América fue descubierta por Colón a finales del siglo XV.
2. Colón fue bien recibido y ayudado por los reyes Fernando e Isabel.
3. Kennedy fue electo presidente en 1961.
4. Él fue asesinado por un loco.
5. Un barco coreano fue capturado en abril por los piratas somalíes.
6. El barco ha sido liberado esta mañana tras el pago de un rescate.
7. Los 33 mineros chilenos fueron rescatados a los 69 días.
8. El palacio Alhambra fue construido por los árabes.
9. La muchacha fue mordida por un perro.
10. La señora paquistaní fue condenada a muerte por blasfemia.
11. Este coche será muy bien acogido por el público.

12. La miel de este lugar es apreciada por todo el mundo.
13. Los refrigeradores fueron fabricados en Corea.
14. Él puede ser dado de alta hoy.

[예122 연습]

a-1. Los documentos están escritos en árabe.
 -2. Este traje está muy gastado.
b-1. Quedamos aturdidos por la noticia.
 -2. La casa quedaba destruida.
c. Llegaron gravemente heridos.
d. Ellas regresan rendidas.
e. Él anda preocupado.
f. El vecino sale siempre acompañado de su perro.
g. Seguimos ofendidos por lo que pasó.
h. Tú vas desviado.
I. Pola regresó arrepentida y Raúl la perdonó.

[예123 연습]

1. Colón dio a España gran parte de dos continentes hasta entonces desconocidos.
2. Este es el libro más leído por la gente joven.
3. No digas las cosas ya pasadas.
4. La llamada nueva generación da mucha importancia a la individualidad.
5. En mi vida he visto una carta tan bien escrita.

[예124 연습]

1. Tengo escrito el testamento de antemano.
2. Tengo hecha la traducción de nueve capítulos.
3. ¿Tienes atado el perro?
4. ¿Tiene Ud. alquilado un apartamento?
5. Tenemos bien analizada la situación.
6. Mi amor, ten preparada la comida a las dos.
7. Téngame preparado el baño, por favor.

[예125 연습]

1. ¿Dejo abiertas las ventanas?
2. Él dejaba suelto el perro.
3. Deja dicho dónde vas.
4. Hallé su asiento ocupado por un extranjero.
5. Vi a Juan dormido en el sofá.
6. Llevamos escritas más o menos veinte páginas.
7. Todos ellos llevan puesto el abrigo.

[예126 연습]

a. Entrada la noche, abandoné la cubierta por frío.
b. Visto que nadie lo perseguía ya, él se detuvo para descansar.
c. La tinta, descolorida por el tiempo, no se ha borrado y permite una lectura fácil.
d. Comprado un aireacondicinador, tendremos un verano agradable.
e. La casa, puertas y ventanas cerradas, parecía abandonada.

제2편 복문과 접속법

I. 열거문과 병렬문

[예127 연습]

1. Hago siempre lo mismo. Voy a la universidad, estudio, regreso a casa, estudio, ...
2. A él le gusta correr, saltar, gritar, cantar, bailar, etc.
3. ¿Qué hice yo esta mañana? Me levanté, me lavé la cara, me vestí, desayuné, ...

[예128 연습]

1. Ven a las cuatro y verás a Isabel.
2. Tome taxi y llegará a tiempo.
3. No te acuestes tarde y podrás levantarte temprano.
4. Trabaja y ganarás dinero.

[예129 연습]

1. Levántate ahora o llegarás tarde.

2. Descanse Ud. o se pondrá enfermo.
3. Trabajen Uds. o los despediré.

[예130 연습]

1. Tu cartera es nueva, pero la mía es vieja.
2. Mis maletas son ligeras, pero las suyas son pesadas.
3. Me gusta el café, pero ahora no quiero.

[예131 연습]

1. Él no piensa ni actúa.
2. Ni fumo ni tomo.
3. Hasta ahora no has perdido nada ni en adelante lo harás.

[예132 연습]

1. Ud. no lo sabe sino que lo aparenta.
2. Tú no estudiaste anoche sino que dormiste.
3. Ellos no ahorran dinero sino que lo gastan todo.
4. No me molesta hacerlo sino que más bien me agrada.

[예133 연습]

1. Él no solo habla bien sino escribe bien.
2. Paquita no solo cantaba bien sino bailaba bien.
3. Alejandro no solo gana mucho sino gasta mucho.

[예134 연습]

1. Mientras me visto, saca el coche.
2. Isabel trabaja, mientras que Pedro pierde tiempo.

II. 종속문이 부사절인 경우

[예135 연습]

1-1. Baja la persiana porque entra mucho sol.
-2. Voy a tomar taxi porque tengo prisa.

2. No pude decirlo, pues yo mismo no lo sabía.
3. Dame tu encendedor, puesto que ya no fumas.
4. Acepto tu regalo, ya que te empeñas tanto.
5. Como es domingo hoy, voy a los toros.

[예136 연습]

1-1. Raimundo estudió con ahinco, de modo que aprobó el examen.
-2. Manejé despacio, de manera que no tuve accidente.
-3. Viniste voluntariamente, de suerte que no tienes derecho a quejarte.
2-1. No entendemos de ese tema, así que no opinaremos.
-2. Él lleva viviendo veinte años en los Estados Unidos, por eso habla inglés perfectamente.
-3. Eres superior a Paco, por tanto no tienes que envidiarlo.
3-1. Era tal la fatiga, que decidimos meternos en el hotel.
-2. El aire está tan contaminado que ni siquiera se puede respirar.
-3. Su novio era tan celoso que no la dejaba charlar con otro hombre.
-4. Llueve tanto que no se seca la ropa.
-5. Él come tanto que pesa cien kilos.
-6. El equipo coreano jugó tan excelente que llegó a los cuartos de final del Mundial 2002.
-7. Yo tenía tanto miedo que no podía moverme.

[예137 연습]

a-1. Aurelio cuelga la hamaca cuando no llueve.
-2. Esta ropa encoge cuando se lava.
-3. Los niños atrapan mariposas cuando es primavera.
-4. Me desvelo cuando no trabajo al día siguiente.
-5. Él llora cuando está borracho.
-6. Hice varias preguntas cuando vinieron ellos.
b-1. Cierrra la puerta cuando salgas.
-2. Cuando apruebes el examen, iremos de vacaciones.
-3. Cuando vayas al museo, te voy a acompañar.
-4. Cuando sea mayor, trabajaré en la fábrica.
-5. Él llorará cuando esté borracho.

[예138 연습]

a-1. Ellos se lavan las manos en cuanto llegan a casa.
-2. Él se pone a ver la televisión tan pronto como termina de cenar.
-3. Nos levantamos no bien salió el sol.
-4. En España los regalos se abren tan pronto como se reciben.
b-1. Ellos se quitarán los zapatos en cuanto lleguen a casa.
-2. En cuanto él llegue, dile que me llame.
-3. Tan pronto como reparen el coche, haremos un viaje.
-4. Apenas lo vea, le voy a contar lo que me ha ocurrido.

[예139 연습]

a. A medida que pasa el tiempo, me doy cuenta de que te quiero cada vez más.
b. Lo ideal es ir recuperando ropa a medida que vayas recuperando tu línea.

[예140 연습]

a-1. Todo resulta bien siempre que sigo sus consejos.
-2. Gabriela te insulta siempre que viene aquí.
-3. Yo le contestaba cada vez que recibía sus cartas.
b-1. Todo resultará bien siempre que sigas mis consejos.
-2. Ella te insultará siempre que venga aquí.

[예141 연습]

a-1. Ese día cenamos después de que se fueron las visitas.
-2. Marta pagó la renta después de que su marido se lo recordó.
b-1. Cenaremos después de que se hayan ido las visitas.
-2. Marta pagó la renta después de que su marido se lo recordara.

[예142 연습]

a-1. Él se queda en su cuarto hasta que yo le llamo.
-2. Él lee hasta que amanece.
b-1. Voy a esperar hasta que pare de llover.
-2. No voy a bailar contigo hasta que aprendas a bailar.
-3. Te seré fiel hasta que la muerte nos separe.

[예143 연습]

1. Plancha la blusa antes de que se seque.
2. Lee ese libro antes de que Imelda se lo lleve.
3. Llame a la Srta. Teresa antes de que salga de la oficina.
4. Antes de que yo llegara al aeropuesto, el avión ya había salido.

[예144 연습]

a-1. Ella quiere casarse con Horacio aunque él es pobre.
-2. No quiero creerlo aunque sé que es verdad.
-3. Enriqueta es delgada aunque come mucho.
-4. Apagué el ventilador aunque mi hermano tenía calor.
-5. Paco no vendió el cuadro aunque le ofrecían diez mil pesos.
b-1. Ella se casará aunque Ramón no sea rico.
-2. Aunque digas la verdad, no te voy a creer.
-3. Estaré en casa aunque haga buen tiempo mañana.
-4. No me olvidaré de ti aunque ya no pueda verte.
-5. No voy a comprar coche aunque tenga dinero.

[예145 연습]

a. La quiero a pesar de que ella no me quiere.
b. La querré a pesar de que ella no me quiera.

[예146 연습]

a-1. Por mucho que la quiero, no puedo perdonar su mentira.
-2. Por más que grité, no me oyeron.
b-1. Por mucho calor que haga, ese profesor se pone la corbata.
-2. Por más que llueva, voy a salir.
-3. Por más rico que seas tú, no podrás comprar el amor.

[예147 연습]

1. Sea lo que sea, ellos son nuestros representantes.
2. Diga lo que diga él, no le hagas caso.
3. Hagas lo que hagas, siempre te querré.

4. Quieras o no quieras, tienes que estudiar.
5. Vengas o no vengas, nosotros lo visitaremos.

[예148 연습]

1. Voy a encender el calentador para que te duches.
2. Te presto treinta dólares para que compres unos zapatos.
3. Voy a repetirlo para que Uds. lo comprendan mejor.
4. Vamos a llevar la camioneta, en lugar de dos coches, para que vayamos todos juntos.
5. Por favor, explíqueme cómo funciona esta máquina para que lo entienda yo.

[예149 연습]

1. Te enviaré dinero a fin de que sigas estudiando.
2. Voy a llevar a los niños al zoo a que vean diversos animales.
3. Vamos a ofrecer el servicio postventa a los clientes con objeto de que confíen en nuestra firma.

[예150 연습]

1. Llevaré el paraguas en caso de que llueva mañana.
2. Compraré esa novela en caso de que tenga dinero.
3. El perro les morderá en caso de que Uds. le molesten.
4. Le harán otra operación en caso de que sea necesario.
5. Nombraremos un abogado en caso de que haya otra denuncia.

[예151 연습]

1. Te presto el libro con tal de que lo devuelvas el martes.
2. La compañía firmará el contrato con tal de que el sindicato haga ciertas concesiones.
3. Doy permiso a condición de que regresen ellos antes de las once.
4. Pepe y Guadalupe se van a casar en diciembre siempre que no se les presente un contratiempo.
5. Con que hagas ejercicios una hora al día, vas a mantener la salud.

[예152 연습]

1. No sabrás de qué trata la obra a menos que la leas.

2. No vengas a menos que me ayudes.
3. Llegaremos a las tres a menos que se descomponga el coche.
4. El costo de la construcción será de unos diez mil millones de wones a menos que suba la mano de obra.
5. No puedo acabarlo hoy a menos que alguien me ayude.

[예153 연습]

1. Esconde los juguetes sin que se den cuenta los niños.
2. Dámelo sin que lo sepa Jorge.
3. Dímelo sin que te oiga tu hermano.
4. La marcha se realizó sin que se registraran incidentes graves.
5. Puedo acabarlo hoy sin que nadie me ayude

[예154 연습]

1. Si ha salido el tren de las nueve, tomarás el de las diez.
2. Te van a multar si te estacionas aquí.
3. Si ves a Gabriel, dale este libro.
4. Si no se da prisa, Ud. perderá el tren.
5. Si te digo la verdad, ¿me vas a creer?
6. Si tienes tiempo, ven a verme.

[예155 연습]

1. Si no llovía, íbamos a la playa.
2. Si tomaba licor, tenía resaca al día siguiente.
3. Alicia ya pierde el derecho a tomar el examen final, si ha faltado a más de nueve clases.
4. Si llegaste la semana pasada, ¿por qué ni siquiera me llamaste?

[예156 연습]

1. -Si te tocara la lotería, ¿qué harías? -Compraría una moto si me tocara la lotería.
2. -Si hubiera un incendio en tu casa, ¿qué harías? -Avisaría inmediatamente al 119 si hubiera un incendio en mi casa.
3. Si yo fuera presidente de la República, resolvería todos los problemas del país.
4. Si yo estuviera en su lugar, no lo haría.

5. Si yo fuera un pájaro, pasaría las fronteras sin pasaporte.

[예157 연습]

1. Si yo hubiera tenido dinero, habría invertido en acciones.
2. Si lo hubiera sabido, yo no habría venido.
3. Si los obreros no hubieran conseguido el aumento de sueldo, habrían hecho huelga.

[예158 연습]

1. Si no hubiéramos comprado las entradas ayer, estaríamos formados en la fila(= por poco nos ponemos en una fila).
2. Si hubieras tomado las pastillas hace una hora como te dije, estarías mejor.

[예159 연습]

1. De no haber té, tomábamos café.
2. De gustarnos la película, nos quedábamos a verla dos veces.
3. De llover mañana, se suspenderá el partido final de fútbol.
4. De portarse mal mis sobrinos, mi hermana no los deja ver la tele.
5. De ser presidente, yo cambiaría muchas cosas.
6. De no estar aquí ahora, ¿dónde te gustaría estar?
7. De haber sabido que Uds. vivían tan cerca, habríamos ido a visitarlos.
8. De no haber quemado Hernán Cortés sus naves, sus hombres lo hubieran obligado a regresar a Cuba.
9. De haber comprado esas acciones el año pasado, ahora serían Uds. ricos.
10. De no haber hecho las reservaciones anteayer, Uds. todavía andarían buscando donde alojarse.

[예160 연습]

1. Yo me habría ido a España en vez de ir a Estados Unidos.
2. ¿Por qué no te presentaste al examen? Creo que habrías aprobado.
3. Yo habría ahorrado algo de dinero comprando un coche usado.
4. -Julia no fue a la fiesta. -¡Qué lástima! Estoy seguro de que se habría divertido mucho.

[예161 연습]

1. Ella soltó una carcajada como si estuviera loca.
2. ¿Por qué estás ocioso como si no tuvieras nada que hacer?
3. Manuel caminaba como si estuviera borracho.
4. Esa señora se viste como si fuera una jovencita.
5. Él está sentado como si estuviera aburrido.
6. Olga y Mateo siempre andaban juntos como si hubieran jurado no separarse jamás.

[예162 연습]

a-1. Cuando vivía cerca del mar, nadaba casi todos los días.
-2. Cuando trabajaba en la zapatería, era cajero.
b-1. Cuando comía, sonó el teléfono.
-2. Cuando era joven, él fue campeón nacional de tenis durante tres años.
c-1. Cuando me llamaste, yo comía.
-2. Cuando él llegó a Bogotá, tenía doce años.
d-1. Cuando él abrió la puerta, oyó un tiro de pistola.
-2. Cuando le pregunté, él mintió.
e-1. Cuando llevaron al enfermo al hospital, ya había muerto.
-2. Cuando llegamos al teatro, se habían agotado las entradas.

[예163 연습]

a-1. -¿Cuánto tiempo hace que trabaja Ud. en esta fábrica?
-Hace siete años que trabajo aquí / Trabajo aquí desde hace siete años.
-2. Hace tres meses que no fumo / No fumo desde hace tres meses.
b-1. -¿Desde cuándo es tu novia Lola?
-Lola es mi novia desde hace un mes / Hace un mes que Lola es mi novia.
-Lola es mi novia desde que nos conocimos en la fiesta.
-2. No lo veo desde ayer.
c-1. -¿Cuándo llovió?
-Llovió hace mucho tiempo / Hace mucho tiempo que llovió.
-2. -¿Cuándo le puso Ud. gasolina a su coche?
-Hace unas semanas que le puse gasolina / Le puse gasolina hace unas semanas.
d-1. -¿Cuánto tiempo hacía que él empezó a salir con ella?
-Hacía poco que salía con ella.
e-1. El año que viene hará 4.347 años que Dangun fundó nuestro país.

III. 종속문이 명사절인 경우

[예164 연습]

1. Arturo dice : -Tengo sueño.
/ Arturo dice que tiene sueño.
2. Benito dice : -Llegué anoche. / Benito dice que llegó anoche.
3. Catalina dice : -Hace calor. / Catalina dice que hace calor.

[예165 연습]

1. Diego dijo : -Me duele la cabeza. / Diego dijo que le dolía la cabeza.
2. Ellos dijeron : -Vamos mañana. / Ellos dijeron que irían al día siguiente.
3. Felipe dijo : -He comido. / Felipe dijo que había comido.

[예166 연습]

1. -Pregúntele cómo se llama. -Dice que se llama Ignacio de Loyola.
2. -Pregúntele si está bien. -Dice que está resfriado.
3. -Pregúntale qué está haciendo. -Dice que está estudiando.
4. -Pregúntale si compró mucho o poco. -Dice que compró un poco.
5. -Pregúntele cuándo regresará. -Dice que regresará el viernes.
6. -Pregúntale por qué llegó tarde esta mañana. -Dice que perdió el autobús.
7. -Pregúntale a dónde iba. -Dice que iba a la iglesia.
8. -Pregúntele si había mucha gente en la plaza. -Dice que sí

[예167 연습]

1. Rafael dijo que tenía sueño.
2. Tú dijiste que no sabías nadar.
3. Yo dije que no quería ir solo de vacaciones.
4. El policía dijo que estaba prohibido estacionarse allí.
5. Tú dijiste que comprarías el libro.
6. Conchita dijo que se casaría en septiembre.
7. Dije que había aprobado el examen.
8. Ellos dijeron que habían aprendido a esquiar en Suiza.

[예168 연습]

1. Creo que José ganará la beca.
2. Estoy seguro de que le simpatizas al jefe.
3. Pensaron que él exageraba mucho.
4. Los testigos aseguraron que habían visto a los dos hombres allí.
5. Nuestro corresponsal nos informó que ayer hubo un terremoto allí.
6. Me acuerdo de que Laura me envió una tarjeta navideña el año pasado.
7. ¿Sabes que él es un músico famoso?
8. El funcionario no niega que los precios han subido considerablemente este año.
9. No dudo que ella ha estudiado mucho.
10. Él se imagina que todos están pendientes de él.

[예169 연습]

1. Yo no digo que seas la más bella del mundo, pero sí digo que eres una de las más bellas.
2. Ellos no dijeron que te hubieras vuelto loco, pero sí que eras extravagante.
3. No creo que Mario haya recibido la beca.
4. No estoy seguro de que le simpatices al jefe.
5. Yo no pensé que él exagerara mucho.
6. Los testigos no aseguraron que la hubieran visto a ella.
7. El corresponsal no nos informó que hubiera muertos.
8. No me acuerdo de que Laura me enviara una tarjeta navideña hace dos años.
9. El funcionario niega que los precios hayan subido en un treinta por ciento este año.
10. No puedo imaginarme que él se vaya sin despedirse.
11. Eso no quiere decir que él sea inocente.

[예170 연습]

1. Papá nos dice que seamos buenos.
2. Mamá me dijo que no le pegara a mi hermano.
3. El policía te dice que te pares.
4. El médico me dijo que tomara una aspirina.
5. Dile que pague los refrescos.
6. Estela me dijo que la espere aquí.

7. Dígales que vuelvan antes del martes.
8. Diles que no me maten.

[예171 연습]

1. El jefe nos exige que vendamos más.
2. El capitán nos mandó que regresáramos antes de las ocho de la noche.
3. El médico me prohibió que comiera carne.
4. No permito que te veas con Jacinta.
5. Mis padres no me dejan que regrese tarde.
6. Él me sugirió que averiguara la verdad.
7. Te recomiendo que veas la película.
8. Pídele a él que te preste dinero
9. Le ruego a Ud. que no hable de este asunto con nadie.

[예172 연습]

1. Deseamos que pasen Uds. muy feliz Navidad.
2. Carolina quiere que yo pase por ella a las siete.
3. Esperaba yo que volviera Ud.
4. Espero que no se retrasen Uds.
5. El consejo ha aprobado que se exhiba esa película en Corea.
6. Su madre se opuso a que su hija se casara con un escritor.
7. Logré que el ayuntamiento me indemnizara por los daños.
8. Por favor, evite Ud. que se excite el enfermo.
9. Traten Uds. de que los clientes comprendan nuestra situación.

[예173 연습]

1. Nos alegramos de que Uds. estén bien.
2. Nos alegramos de que hayáis llegado a tiempo.
3. Se alegró de que se hubieran casado Alberto y Betty.
4. Siento mucho que Lola esté enferma.
5. Sentí que le hubieran herido mis palabras.
6. Lamento mucho que Ud. se vaya tan pronto.
7. Temo que los niños rompan algo.

8. Ella tenía miedo de que él regresara.
9. Dudo que él sea tan rico.
10. Dudo que ellos estén vivos.
11. Mi suegra se queja de que salgamos los dos juntos.

[예174 연습]

1. Es verdad que ellos son pobres, pero no es verdad que pasen hambre.
2. Es seguro que mamá viene mañana, pero no es seguro que papá venga.
3. Está claro que la Tierra se mueve, pero no está claro que se mueva el universo entero.
4. Parece que ellos se llevan bien, pero no parece que se amen uno al otro.
5. Es cierto que él no lo sabía, pero eso no le disculpa, porque no es cierto que él lo hiciera por nosotros.
6. Es evidente que la tecnología informática es una ciencia de moda, pero no es evidente que lo sea en el siglo venidero.
7. Se rumorea que bajará el precio del petróleo, pero no se rumorea que bajen los precios de los artículos manufacturados.
8. Es bien sabido que el tren no espera a nadie.
9. Es bien sabido que Don Quijote es la obra maestra de Cervantes.
10. Conste que este pescado es fresco.
11. Menos mal que yo tengo buena salud.

[예175 연습]

1. Es preciso que (tú) estudies.
2. Es necesario que me escuches.
3. Es probable que el avión se retrase.
4. Es frecuente que en el invierno los vuelos se retrasen a causa del mal tiempo.
5. Será mejor que tú se lo digas a él.
6. Es dudoso que él nos devuelva el dinero.
7. Es mentira que él sea el asesor del presidente.
8. Es hora de que Ud. se levante.
9. Está mal que tú te enojes.
10. Parece bueno que se acostumbre a levantarse temprano desde pequeño.
11. Me pareció mal que Uds. le hubieran hecho esperar.

12. Fue una lástima que se hubiera apagado la luz en el momento más interesante.
13. No fue posible que Joaquín viniera a clases.
14. Fue necesario que la policía hubiera intervenido.
15. Era muy difícil que el mecánico arreglara el camión en dos horas.
16. Puede ser que Vicente haya estudiado mucho este año.
17. Puede que parezca un reloj de lo más normal y hasta elegante,..

[예176 연습]

1. Importa que ellos lleguen a tiempo.
2. Conviene que se lo avises pronto.
3. Vale la pena que hagas un esfuerzo.
4. Puede que no venga Edmundo.
5. Más vale que se calle Ud.
6. Basta que me prometas no volver a hacer eso.
7. No hacía falta que vinieras.

[예177 연습]

1. No me gusta que vengan ellos.
2. Nos da mucho gusto que no le debas nada a nadie.
3. Me da igual que vengas hoy o mañana.
4. Nos enfada que hayas usado el coche sin permiso.
5. A ninguno de nosotros le conviene que se apruebe esa ley.
6. A esa chica le fastidia que le echen piropos por la calle.
7. ¿Les molestará a los vecinos que yo toque el piano?
8. A Lisa le dio mucha tristeza que yo hubiera vendido el piano.
9. Me da rabia que él sepa más que yo.
10. Me extraña que Víctor no haya llegado.
11. ¿Le da miedo que haya musulmanes en el avión en el que Ud. viaja?

IV. 종속문이 형용사절인 경우

[예178 연습]

1. -¿Quién es la chica que está enfrente de la panadería? -Es mi prima.
2. -¿Quién es el muchacho que tuvo el accidente? -Es mi sobrino.
3. -¿De quién es el cuadro que está colgado en la pared?
   -El cuadro que está colgado en la pared es de Picasso.
4. -¿Dónde está el joven que asaltó el banco? -Está en la cárcel.
5. Esa señora que antes era budista es católica ahora.
   Esa señora, que antes era budista, es católica ahora.
6. Éste es el mismo niño que vino ayer.
7. No hay otra cosa en mi mente que no sea ganar el campeonato mundial.

[예179 연습]

1. -¿En qué parte de la ciudad se encuentra la casa que Ud. ha comprado?
   -Se encuentra en la Urbanización San Bernardino.
2. -¿A qué hora toma Antonio el metro que pasa enfrente de su casa?
   -A las ocho y media Antonio toma el metro que pasa enfrente de su casa.
3. -¿De qué color es el bolígrafo que tiene Ud.? -Es negro.
4. -¿Te ha tocado la lotería que compraste? -No, no me ha tocado.
5. Devuélveme el dinero que te presté.

[예180 연습]

1. -¿En qué piso vive el chico al que le pegaste?
   -(El chico al que le pegué) vive en el 505.
2. -¿Quién es el niño al que le compraste el caramelo?
   -(El niño al que le compré el caramelo) es mi hijo/ es un hijo mío.
3. -¿Cuál es la chica a la que le regalaste las flores?
   -(La chica a la que le regalé) es una amiga mía.
4. No es María sino Mario a quien deseo ver.
5. No me gustan las personas a quienes invitaste.

[예181 연습]

1. He comprado el libro del que hablaste.
2. La discoteca a la que solemos ir está en el centro.

3. Tenemos la lengua con la cual hablamos.
4. ¿Conoces a la chica por la que él preguntaba?
5. José es la única persona en quien confío.

[예182 연습]

1. El que puso atención aprendió más.
2. La que cocina bien es Clara.
3. Los que protestaban eran los desempleados.
4. Quienes tienen miedo son ellos.

[예183 연습]

1. Esto es lo que necesito.
2. Estoy de acuerdo con lo que dices.
3. No sé lo que hace él.
4. No comprendo lo que te pasa.
5. Algún día encontrarás lo que buscas.
6. Fíjate en lo que te voy a decir.
7. ¿Qué fue lo que más te gustó?
8. Lo que pasó es que por poco choco con otro coche en la autopista.
9. Martín es muy perezoso, lo que le preocupa a su familia.
10. Has estudiado poco para el examen, lo que quiere decir que no saldrás bien.

[예184 연습]

1. Quiero comprar unos aretes que no cuesten mucho.
2. Busco una novela que sea interesante.
3. Busco una mujer que sepa bordar a mano.
4. No había nada que pudiéramos hacer.
5. Nómbreme algunos países de habla castellana que sepa Ud.
6. Escoge cualquier cosa que te guste.

[예185 연습]

1. Levante la mano quien no haya entendido.
2. Tiene que cocinar bien con quien se case Felipe.

3. Voy a decirlo a quien me parezca bien.
4. Pongan su nombre aquí los que quieran asistir.
5. La compañía pagará el doble a los que trabajen tiempo extra esta semana.
6. -¿Me regalas uno de estos CDes? -Bueno, te regalo el que te guste más.

[예186 연습]

1. Voy a darte lo que quieras.
2. Compra lo que necesites.
3. Haré lo que pueda hacer yo.
4. Si te casas conmigo, haré todo lo que quieras.

[예187 연습]

1. Es un pequeño pueblo, cuyo nombre he olvidado.
2. Isabel, cuya madre está enferma, es mi amiga.
3. Ella tiene la novela de cuyo autor me hablaste.
4. El comerciante cuyos jardines acabamos de visitar es excesivamente rico.
5. El caballero a cuya sobrina le he presentado a Ud., es amigo de mi padre.

[예188 연습]

1. Quiero vender cuantos libros tengo. (=Quiero vender todos los libros que tengo.)
2. He ahorrado cuanto dinero tenía. (=He ahorrado todo el dinero que tenía.)

[예189 연습]

1. Aquí es donde ocurrió el accidente.
2. Ya era de noche cuando llegamos a París.
3. Me gusta el modo como hablas.

[예190 연습]

1. Lo haré como me digas.
2. Llámame cuando me necesites.
3. Présteme su coche cuando pueda.
4. Que me pregunten cuando tengan dudas.

V. 독립문에서의 접속법

[예191 연습]

1. Son muchas las maletas y el coche es muy chico. ¡Ojalá quepan todas!
2. Los muchachos se llevaron las maletas hace un rato para ver si cabían en el coche. ¡Ojalá hayan cabido todas!
3. No cabe una maleta. ¡Ojalá que cupieran todas!
4. Tampoco cupieron los otros vestidos. ¡Ojalá hubieran cabido todos!
5. Papá dijo que me mandaría dinero. ¡Ojalá me lo mande pronto!
6. El examen de ayer estuvo muy difícil, ¡Ojalá haya salido bien en el examen!
7. Apenas son las tres. ¡Ojalá que fueran las cinco ahora!
8. Ya lo dijo él. ¡Ojalá que no lo hubiera dicho!

[예192 연습]

1. ¡Qué gusto que hayas aprobado!
2. ¡Qué lástima que no hayas recibido la beca!
3. ¡Qué pena que no hubieras conseguido trabajo!

[예193 연습]

1. Cholsu, que tengas suerte.
2. Que tenga buen viaje.
3. Que duerma bien.
4. Que te diviertas mucho.
5. Que no te ensucies las manos.
6. Que me dejen en paz.
7. Que todo fuera tan fácil.
8. Que ganara yo lo que gana él.
9. Que no vuelvas a hacerlo, si no...

[예194 연습]

1. Tal vez vivan ellos aquí.
2. Tal vez ya sepas que he aprobado los exámenes.
3. Guillermo no vino ayer. Quizá haya estado enfermo.

부록 5. 스페인어의 동사변화

*배열 순서 : (1) 직설법 현재 (2) 직설법 단순과거 (3) 직설법 불완료과거 (4) 직설법 미래 (5) 접속법 현재 (6) 접속법 불완료과거 (7) 가능법 불완료형 (8) 명령법(tú, vosotros)** (9) 현재분사 (10) 과거분사

** usted, ustedes에 대한 긍정 및 부정 명령, 그리고 tú, vosotros에 대한 부정 명령은 접속법 현재형을 쓴다.

I. 규칙 변화

제 1변화형 : -ar로 끝나는 동사(예 : comprar)

	(1) 직 · 현재	(2) 단순과거	(3) 불완료과거	(4) 미래
yo	compro	compré	compraba	compraré
tú	compras	compraste	comprabas	comprarás
usted, él, ella	compra	compró	compraba	comprará
nosotros	compramos	compramos	comprábamos	compraremos
vosotros	compráis	comprasteis	comprabais	compraréis
Uds., ellos, ellas,	compran	compraron	compraban	comprarán

(5) 접 · 현재	(6) 접 · 과거	(7) 가능법 · 불	(8) 명령법	(9),(10)
compre	comprara	compraría	×	
compres	compraras	comprarías	compra	comprando
compre	comprara	compraría	compre	
compremos	compráramos	compraríamos	compremos	comprado
compréis	comprarais	compraríais	comprad	
compren	compraran	comprarían	compren	

*접속법 불완료과거에는 -se형도 있다 : comprase, comprases, comprasemos, ...

제 2변화형 : -er로 끝나는 동사(예 : vender)

	(1) 직 · 현재	(2) 단순과거	(3) 불완료과거	(4) 미래
yo	vendo	vendí	vendía	venderé
tú	vendes	vendiste	vendías	venderás
usted, él, ella	vende	vendió	vendía	venderá
nosotros	vendemos	vendimos	vendíamos	venderemos
vosotros	vendéis	vendisteis	vendíais	venderéis
Uds., ellos, ellas	venden	vendieron	vendían	venderán

(5) 접 · 현재	(6) 접 · 과거	(7) 가능법 · 불	(8) 명령법	(9),(10)
vend**a**	vend**iera**	vender**ía**	×	
vend**as**	vend**ieras**	vender**ías**	vende	vend**iendo**
vend**a**	vend**iera**	vender**ía**	vend**a**	
vend**amos**	vend**iéramos**	vender**íamos**	vend**amos**	vend**ido**
vend**áis**	vend**ierais**	vender**íais**	vend**ed**	
vend**an**	vend**ieran**	vender**ían**	vend**an**	

제 3 변화형: -ir로 끝나는 동사(예 : vivir)

	(1) 직 · 현재	(2) 단순과거	(3) 불완료과거	(4) 미래
yo	viv**o**	viv**í**	viv**ía**	vivir**é**
tú	viv**es**	viv**iste**	viv**ías**	vivir**ás**
usted, él, ella	viv**e**	viv**ió**	viv**ía**	vivir**á**
nosotros	viv**imos**	viv**imos**	viv**íamos**	vivir**emos**
vosotros	viv**ís**	viv**isteis**	viv**íais**	vivir**éis**
Uds,. ellos, ellas	viv**en**	viv**ieron**	viv**ían**	vivir**án**

(5) 접 · 현재	(6) 접 · 과거	(7) 가능법 · 불	(8) 명령법	(9),(10)
viv**a**	viv**iera**	vivir**ía**	×	
viv**as**	viv**ieras**	vivir**ías**	vive	viv**iendo**
viv**a**	viv**iera**	vivir**ía**	viv**a**	
viv**amos**	viv**iéramos**	vivir**íamos**	viv**amos**	viv**ido**
viv**áis**	viv**ierais**	vivir**íais**	viv**id**	
viv**an**	viv**ieran**	vivir**ían**	viv**an**	

II. 불규칙 변화 동사

(* 앞의 번호순을 따르되, 불규칙형만 제시함.)

<제1 변화 동사>

andar : (2) anduve-anduviste-anduvo-anduvimos-anduvisteis-anduvieron

(6) anduviera (*or* anduviese)-anduvieras-anduviera-...

buscar : (2) busqué-buscaste-buscó-buscamos-buscasteis-buscaron

(5) busque-busques-busque-busquemos-busquéis-busquen

cerrar : (1) cierro-cierras-cierra-cerramos-cerráis-cierran

(5) cierre-cierres-cierre-cerremos-cerréis-cierren

contar : (1) cuento-cuentas-cuenta-contamos-contáis-cuentan

(5) cuente-cuentes-cuente-contemos-contéis-cuenten

cruzar : (2) crucé- cruzaste-cruzó-cruzamos-cruzasteis-cruzaron
(5) cruce-cruces-cruce-crucemos-crucéis-crucen

dar : (1) doy-das-da-damos-dais-dan
(2) di-diste-dio- dimos-disteis-dieron
(5) dé-des-dé-demos-deis-den
(6) diera (*or* diese)-...

errar : (1) yerro-yerras-yerra-erramos-erráis-yerran
(5) yerre-yerres-yerre-erremos-erréis-yerren

estar : (1) estoy-estás-está-estamos-estáis-están
(2) estuve-estuviste-estuvo-estuvimos-estuvisteis-estuvieron
(5) esté-estés-esté-estemos-estéis-estén
(6) estuviera (*or* estuviese)-...

jugar : (1) juego-juegas-juega-jugamos-jugáis-juegan
(2) jugué-jugaste-jugó-jugamos-jugasteis-jugaron
(5) juegue-juegues-juegue-juguemos-juguéis-jueguen

llegar : (2) llegué-llegaste-llegó-llegamos-llegasteis-llegaron
(5) llegue-llegues-llegue-lleguemos-lleguéis-lleguen

<제2변화 동사>

caber : (1) quepo-cabes-cabe-cabemos-cabéis-caben
(2) cupe-cupiste-cupo-cupimos-cupisteis-cupieron
(4) cabré-cabrás-cabrá-cabremos-cabréis-cabrán
(5) quepa-quepas-quepa-quepamos-quepáis-quepan
(6) cupiera (*or* cupiese)-...
(7) cabría-cabrías-cabría-cabríamos-cabríais-cabrían

caer : (1) caigo-caes-cae-caemos-caéis-caen
(2) caí-caíste-cayó-caímos-caísteis-cayeron

(5) caiga-caigas-caiga-caigamos-caigáis-caigan
(6) cayera (*or* cayese)-...
(9) cayendo
(10) caído

coger : (1) cojo-coges-coge-cogemos-cogéis-cogen
(5) coja-cojas-coja-cojamos-cojáis-cojan

conocer : (1) conozco-conoces-conoce-conocemos-conocéis-conocen
(5) conozca-conozcas-conozca-conozcamos-conozcáis-conozcan

creer : (2) creí-creíste-creyó-creímos-creísteis-creyeron
(6) creyera (*or* creyese)-...
(9) creyendo
(10) creído

haber : (1) he-has-ha-hemos-habéis-han
(2) hube-hubiste-hubo-hubimos-hubisteis-hubieron
(4) habré-habrás-habrá-habremos-habréis-habrán
(5) haya-hayas-haya-hayamos-hayáis-hayan
(6) hubiera (*or* hubiese)-...
(7) habría-habrías-habría-habríamos-habríais-habrían

hacer : (1) hago-haces-hace-hacemos-hacéis-hacen
(2) hice-hiciste-hizo-hicimos-hicisteis-hicieron
(4) haré-harás-hará-haremos-haréis-harán
(5) haga-hagas-haga-hagamos-hagáis-hagan
(6) hiciera (*or* hiciese)-...
(7) haría-harías-haría-haríamos-haríais-harían
(8) haz, haced
(10) hecho

oler : (1) huelo-hueles-huele-olemos-oléis-huelen
(5) huela-huelas-huela-olamos-oláis-huelan

perder : (1) pierdo-pierdes-pierde-perdemos-perdéis-pierden
(5) pierda-pierdas-pierda-perdamos-perdáis-pierdan

poder : (1) puedo-puedes-puede-podemos-podéis-pueden
(2) pude-pudiste-pudo-pudimos-pudisteis-pudieron
(4) podré-podrás-podrá-podremos-podréis-podrán
(5) pueda-puedas-pueda-podamos-podáis-puedan
(6) pudiera (*or* pudiese)-...
(7) podría-...
(9) pudiendo

poner : (1) pongo-pones-pone-ponemos-ponéis-ponen
(2) puse-pusiste-puso-pusimos-pusisteis-pusieron
(4) pondré-pondrás-pondrá-pondremos-pondréis-pondrán
(5) ponga-pongas-ponga-pongamos-pongáis-pongan
(6) pusiera (*or* pusiese)-...
(7) pondría-...
(8) pon, poned
(10) puesto

querer : (1) quiero-quieres-quiere-queremos-queréis-quieren
(2) quise-quisiste-quiso-quisimos-quisisteis-quisieron
(4) querré-querrás-querrá-querremos-querréis-querrán
(5) quiera-quieras-quiera-queramos-queráis-quieran
(6) quisiera (*or* quisiese)-...
(7) querría-...

saber : (1) sé-sabes-sabe-sabemos-sabéis-saben
(2) supe-supiste-supo-supimos-supisteis-supieron
(4) sabré-sabrás-...
(5) sepa-sepas-sepa-sepamos-sepáis-sepan
(6) supiera (*or* supiese)-...
(7) sabría-sabrías-...

ser : (1) soy-eres-es-somos-sois-son
(2) fui-fuiste-fue-fuimos-fuisteis-fueron
(3) era-eras-era-éramos-erais-eran
(5) sea-seas-sea-seamos-seáis-sean

(6) fuera (*or* fuese)-...
(8) sé, sed

tener : (1) tengo-tienes-tiene-tenemos-tenéis-tienen
(2) tuve-tuviste-tuvo-tuvimos-tuvisteis-tuvieron
(4) tendré-tendrás-...
(5) tenga-tengas-tenga-tengamos-tengáis-tengan
(6) tuviera (*or* tuviese)-...
(7) tendría-...
(8) ten, tened

traer : (1) traigo-traes_trae_traemos-traéis-traen
(2) traje-trajiste-trajo-trajimos-trajisteis-trajeron
(5) traiga-traigas-traiga-traigamos-traigáis-traigan
(6) trajera (*or* trajese)-...
(9) trayendo
(10) traído

valer : (1) valgo-vales-vale-valemos-valéis-valen
(4) valdré-...
(7) valdría-...
(5) valga-valgas-valga-valgamos-valgáis-valgan

ver : (1) veo-ves-ve-vemos-veis-ven
(2) vi-viste-vio-vimos-visteis-vieron
(3) veía-veías-veía-veíamos-veíais-veían
(5) vea-veas-vea-veamos-veáis-vean
(6) viera (*or* viese)-...
(10) visto

volver : (1) vuelvo-vuelves-vuelve-volvemos-volvéis-vuelven
(5) vuelva-vuelvas-vuelva-volvamos-volváis-vuelvan
(10) vuelto

<제 3변화 동사>

abrir : (10) abierto

conducir : (1) conduzco-conduces-conduce-conducimos-conducís-conducen
(2) conduje-condujiste-condujo-condujimos-condujisteis-condujeron
(5) conduzca-conduzcas-conduzca-conduzcamos-conduzcáis-conduzcan
(6) condujera (*or* condujese)-...

construir : (1) construyo-construyes-construye-construimos-construís-construyen
(2) construí-construiste-construyó-construimos-construisteis-construyeron
(5) construya-construyas-construya-construyamos-construyáis-construyan
(6) construyera (*or* construyese)-...
(9) construyendo

decir : (1) digo-dices-dice-decimos-decís-dicen
(2) dije-dijiste-dijo-dijimos-dijisteis-dijeron
(4) diré-dirás-dirá-diremos-diréis-dirán
(5) diga-digas-diga-digamos-digáis-digan
(6) dijera (*or* dijese)-...
(7) diría-dirías-diría-...
(8) di, decid
(9) diciendo
(10) dicho

dirigir : (1) dirijo-diriges-dirige-dirigimos-dirigís-dirigen
(5) dirija-dirijas-dirija-dirijamos-dirijáis-dirijan

distinguir : (1) distingo-distingues-distingue-distinguimos-distinguís-distinguen
(5) distinga-distingas-distinga-distingamos-...

dormir : (1) duermo-duermes-duerme-dormimos-dormís-duermen
(2) dormí-dormiste-durmió-dormimos-dormisteis-durmieron
(5) duerma-duermas-duerma-durmamos-durmáis-duerman
(6) durmiera (*or* durmiese)-...
(9) durmiendo

ir : (1) voy-vas-va-vamos-vais-van
(2) fui-fuiste-fue-fuimos-fuisteis-fueron
(3) iba-ibas-iba-íbamos-ibais-iban
(5) vaya-vayas-vaya-vayamos-vayáis-vayan
(6) fuera (*or* fuese)-...
(8) ve, id
(9) yendo
(10) ido

oir : (1) oigo-oyes-oye-oímos-oís-oyen
(2) oí-oíste-oyó-oímos-oísteis-oyeron
(5) oiga-oigas-oiga-oigamos-oigáis-oigan
(6) oyera (*or* oyese)-...
(9) oyendo
(10) oído

pedir : (1) pido-pides-pide-pedimos-pedís-piden
(2) pedí-pediste-pidió-pedimos-pedisteis-pidieron
(5) pida-pidas-pida-pidamos-pidáis-pidan
(6) pidiera (*or* pidiese)-...
(9) pidiendo

reir : (1) río-ríes-ríe-reímos-reís-ríen
(2) reí-reíste-rió-reímos-reísteis-rieron
(5) ría-rías-ría-riamos-riáis-rían
(6) riera (*or* riese)-...
(9) riendo
(10) reído

salir : (1) salgo-sales-sale-salimos-salís-salen
(4) saldré-saldrás-saldrá-saldremos-saldréis-saldrán
(5) salga-salgas-salga-salgamos-salgáis-salgan
(7) saldría-...
(8) sal, salid

sentir : (1) siento-sientes-siente-sentimos-sentís-sienten

(2) sentí-sentiste-sintió-sentimos-sentisteis-sintieron

(5) sienta-sientas-sienta-sintamos-sintáis-sientan

(6) sintiera (*or* sintiese)-...

(9) sintiendo

venir : (1) vengo-vienes-viene-venimos-venís-vienen

(2) vine-viniste-vino-vinimos-vinisteis-vinieron

(4) vendré-vendrás-vendrá-vendremos-vendréis-vendrán

(5) venga-vengas-venga-vengamos-vengáis-vengan

(6) viniera (*or* viniese)-...

(7) vendría-...

(8) ven, venid

(9) viniendo

* **재귀동사의 변화**

1) 모든 시제에서 재귀대명사는 동사 앞에 놓는다.

예: 직·현 me levanto, te levantas, se levanta, nos levantamos, os levantáis, se levantan

2) 단, 부정사, 현재분사와 같이 쓰이거나, 긍정 명령에서는 동사 뒤에 붙는다.

예: levantarse; levantándose; levántate, levántese usted, levantaos, levántense ustedes.

박종탁(朴鍾琢)

한국외국어대학교 스페인어과 졸업
한국외대 통역대학원 영서과 수료
베네주엘라 중앙대학교(UCV) 유학(국비파견)
경희대학교 대학원 석사(스페인문학)
한국외대 대학원 박사(스페인문학)
멕시코 과달라하라 자치대학(UAG) 교환교수
외무고시·국비유학생 선발시험 출제위원 역임
현 부산외국어대학교 스페인어과 교수

COMPOSICIÓN EN ESPAÑOL
새로운 **스페인어 작문**

1판 1쇄 발행 _ 2011년 2월 18일
1판 2쇄 발행 _ 2011년 8월 10일
2판 3쇄 발행 _ 2018년 8월 30일

저 자 • 박 종 탁
발 행 인 • 정 현 걸
발 행 • 신 아 사
인 쇄 • 예지인쇄
출판등록 • 1956년 1월 5일(제9-52호)
주 소 • 서울특별시 은평구 통일로 59길 4 (2층)
전 화 • (02) 382-6411 팩스 (02) 382-6401
홈페이지 • www.shinasa.co.kr
E-MAIL • shinasa@daum.com

ISBN 978-89-8396-792-3(13770)

정가 *15,000* 원